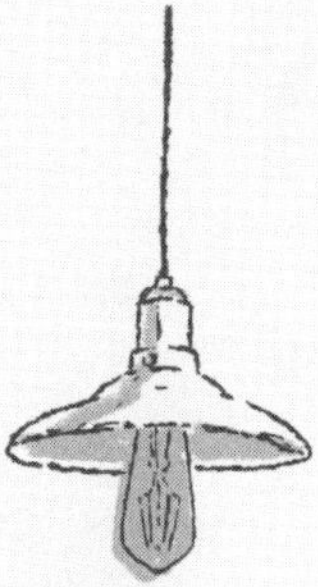

日常の神学

今さら聞けない
あのこと、このこと

Nichijo no
Shingaku
Okamura
Naoki

岡村直樹［著］

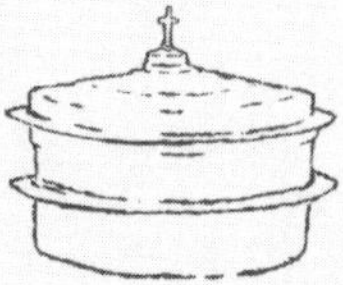

いのちのことば社

はじめに

「神学」とは何でしょうか。「神学」は英語でtheologyと書きます。それはギリシア語のtheos（神）とlogos（理性、または言語）という二語によって構成されている言葉です。すなわち「神学」とは、「神に関する理性的・言語的な学びである」と定義することができます。

理性的・言語的といった言葉が並ぶと、ぐっとハードルが高く感じられるかもしれませんが、「神学」は決して、高尚すぎて手の届かない学問ではありません。むしろ「神学」は、すべてのクリスチャンがすべきこと、、、、です。「神学をする」とは、耳慣れない表現かもしれません。それは、いったいどういうことでしょうか。

有名なクリスチャンの漫画家で、スヌーピーが登場する『ピーナッツ』シリーズの作者、チャールズ・シュルツは、こんな四コマ漫画を描いています。

家の窓から心配そうに外の大雨の様子を見ている姉のルーシーが、弟のライナスにこう語りかけます。

「ねえ土砂降りの雨を見てよ。世界中が大洪水になっちゃうんじゃない?」

するとライナスはこう返します。

「そんなことは絶対ないよ。だって創世記の9章で神様はノアに、もう二度と洪水は起こさないと約束され、その証拠に虹を架けられたんだよ。」

姉のルーシーは、安堵の表情を浮かべてこう言います。

「あなたの言葉に安心したわ。」

するとライナスはさらにこう返します。

「良い神学には、そういう効果があるものさ!」


ライナスは、彼の持つ聖書の知識を、日常生活で起こる出来事にあてはめ、それを解釈し、姉のルーシーに安心を提供しました。これが「神学をする」ということです。それは決して複雑で難解なことではありません。身の回りで起こる出来事に疑問を感じたとき、また進むべき人生の道の選択で悩んだときに、自ら進んで聖書を開くこと。その疑問や選択について聖書は何を語っているのか、自分はどうしたらよいのかを真剣に考えること。そして導き出された答えに従って歩むこと。これが「神学をする」ということです。

言うまでもなく、「神学」には深みがあります。ヘブル語やギリシア語といった聖書言語に精通していることや、聖書の書かれた時代の背景を熟知していること、また有名な歴史上の神学者たちの書いた解説書を読破することも、「良い神学をする」大きな助けとなります。しかしそのようなことができないからといって、「神学をする」ことをあきらめる必要はありません。いやあきらめるべきではないのです。

一六世紀に起こった宗教改革の重要な教義のひとつに「万人祭司《ばんにんさいし》」があります。それはクリスチャン一人一人が、祈りと礼拝をもって神様の前に進み出ることができるという特権であり、また責務のことです。そこには、各自が聖書を読み、それを解釈し、日々の生活に生かすということも含まれています。宗教改革者たちは、「万人祭司」の教義に反対する当時の教会権力と命をかけて闘いました。また特にマルティン・ルターは、皆が聖書を読めるよう、わかりやすい一般的なドイツ語に聖書を翻訳する作業に心血を注ぎました。なぜなら彼らにとって、「神学をする」ことは、クリスチャンの信仰のあり方の根幹に関わることだったからです。

たとえ有名な神学者のように、旧約聖書の始めから新約聖書の終わりまでを組織的に、また網羅的に解釈することはできなくても、日常的に身近な題材について「神学をする」ことは、クリスチャンにとって必要不可欠な信仰の営みなのです。

もちろんクリスチャンは各自、自分勝手に「神学をしてもよい」ということでは決してありません。聖書にも、「ただし、聖書のどんな預言も勝手に解釈するものではないことを、まず心得ておきなさい」（ペテロの手紙第二1章20節）と戒められています。では、聖書の言葉はどのように解釈されるべきでしょうか。そのために心得ておくべき、特に大切なことは以下の三つです。

①神様への愛と礼拝、そして、謙遜と恐れの心をもって聖書の言葉に近づくこと。

②正しい聖書の理解、そして解釈が与えられるよう、聖霊なる神様の働きを切に祈り求めること。

③神様が与えてくださった信仰共同体である教会の兄弟姉妹や、リーダー

である牧師の意見を尊重すること。

本書は、普段あまり気にとめず、あたり前のように受け入れている教会生活や信仰生活上のさまざまな事柄にもう一度目を向け、それらについて今日的視点をもって「神学をする」ためのものです。

さあ、一緒に「神学をしましょう！」

目次

信仰生活編

Nichijo no Shingaku

教会生活編

洗礼式《せんれいしき》と聖餐式《せいさんしき》
～食べて、洗う～

洗礼式はキリスト教に入信するための、また聖餐式はパンとぶどう酒を通してイエス・キリストを記念するための大切な儀式です（マタイの福音書28章19節、ルカの福音書22章17～20節）。どちらもイエス・キリストご自身によって定められました。洗礼式と聖餐式は、「聖礼典《せいれいてん》」とも呼ばれます。

洗礼とは読んで字のごとく、「洗う」ことを意味します。また聖餐の「餐」は晩餐の「餐」、つまり食べることを意味します。

私たちは、朝起きて顔を洗い、食事の前には手を洗い、一日が終わるときにはお風呂で体を洗います。「洗う」ことは、私たちの日常生活の中であたり前のように繰り返される、とても身近な行為ですね。また食べることも、一日の中で（朝昼夕、時にはおやつも含め）何度も繰り返されます。

多くの人は、洗礼式や聖餐式に対して、荘厳《そうごん》なイメージ（時には近寄りがたい感覚）をもちますが、行為そのものはとても日常的で身近なものです。イエス・キリストは、この身近な行為を通して、わかりやすく聖書の神様について教えてくださるのです。

聖書の神様は、人間の目には見えません。霊的な存在だからです。そして人間は、目に見えない存在を信じることに困難を覚えます。だから神様は旧約聖書の時代、目に見えるさまざまなかたちで（時には雲や火の柱を通して、時には天使の姿を用いて）、ご自身を人間に示してくださいました。新約聖書の時代には、神様ご自身が人間の姿をとり、イエス・キリストとして地上にあらわれてくださいました。またそれだけではなく、人間と生活を共にし、人間の苦悩を味わい、私たちの罪のために身代わりとなって十字架の上で死に、そしてよみがえってくださいました。

それらすべては、私たちに対する神様の愛の行為であり、一方的な恵みによるものです。洗礼式と聖餐式は、目に見えるかたちで地上に来てくださったイエス・キリストが、同じようにわかりやすく、日常的で身近な行為を通して、ご自身の愛と恵みを私たちに教えるために定めてくださった儀式なのです。

洗礼そのものによって、人が救われるわけではありません。しかし洗礼には、たくさんの大切な教えが含まれています。イエス・キリストが十字架の上で流してくださった血によって私たちの罪が洗われ、一方的に神様の前で「よし」とされたこと。イエス・キリストが一度死んでよみがえり、新しくなったように私たちの生き方も洗われて新しくされること。また洗われることによって、私たちがイエス・キリストをかしらとする、教会という愛の信仰共同体の一員となることなどです。

日本人が洗礼を受けようとするとき、残念ながら家族や友人からの反対に遭うことがあります。キリスト教についてあまりよく知らない人の中には、「怖い」「不安だ」と感じる人もいます。牧師や教会の方々に相談しつつ、わかりやすく周囲に説明することは大切です。その中で「反対を押し切って洗礼を受ける」「説得を試みる間、しばらくは受けない」といった、人間の「決断」に焦点が当てられてしまうことがあります。しかし、洗礼の中心にあるのは、神様の愛と恵みであり、人間の行為ではありません。まずは、このことをしっかりと覚える必要があります。

洗礼式と聖餐式

洗礼式の方法や受ける年齢は、教会によって異なることがありますが、それぞれの教会の持つ神学的伝統をよく理解し、それを尊重することも重要です。ひとりの人が受ける洗礼は一度きりですが、教会において繰り返しこの儀式に参列できることは、信仰共同体に与えられた特権でもあります。

イエス・キリストの定められた聖餐式の中にも、たくさんの大切な教えが含まれています。また聖餐式は、その背景にある「過越の祭り」(出エジプト記12章)との関連の中で理解することが重要です。ぶどう酒に象徴されるのは、イスラエルの家を守った子羊の血、すなわち、十字架の上で私たちの犠牲となって流されたイエス・キリストの血です。種なしパンは、神様が私たちを養い、また力づけてくださることを表しています。

イスラエルの民がこの祭りを通して、来たるべき救世主への希望を確信したのと同様、クリスチャンは聖餐式を通して、イエス・キリストの再臨への希望、そして、それを待ち望む自らの信仰の姿勢を再確認しなくてはなりません。

このように、イエス・キリストが定めてくださった洗礼式と聖餐式は、崇高すぎて近寄りがたい儀式ではなく、またあたり前のように習慣化されるべきイベントでもありません。それらは、神様の愛と恵み、そしてイエス・キリストの苦難を再確認する時であり、希望と信仰の活力を与える大切な儀式です。クリスチャンとして、毎回、新たな思いをもって、これらの儀式に臨みたいものですね。

メッセージ（説教）とは？

～謙遜《けんそん》に語り、謙遜に聞く～

メッセージ（説教）は、多くの教会の礼拝の中で、最も長い時間が割かれる部分です。メッセージを準備するのは大変ですが、聞くほうだってまあまあつらい！　と感じる人も中にはおられるでしょう。

現代人は、黙って座って話を聞くのが苦手とも言われます。日頃からテレビやインターネットに慣らされているからかもしれません。しかし聖書の中には、新約聖書の著者の一人であるパウロのメッセージ中に眠ってしまった青年（使徒の働き20章9節）も出てきますから、当時も現代とそう変わらなかったのかもしれません。

さて、「メッセージ＝牧師の仕事」と自動的に考えてしまう人は多いかと思いますが、実はそうではありません。十二使徒の一人ペテロはクリスチャンに対し、「だれにでも、いつでも弁明できる用意をしていなさい」（ペテロの手紙第一3章15節）と語り、パウロも、「互いに教え、忠告し合う」こと（コロサイ人への手紙3章16節）を命じています。また彼らは人々のいる所に出向いて行き、そこでメッセージを語りました。イエス・キリストに「全世界に出て行き、すべての造られた者に福音を宣べ伝えなさい」（マルコの福音書16章15節）と命じられたからです。

確かにメッセージは、牧師の果たすべき大切な役割の一部ですが、聖書の記述を見ると、「メッセージは、プロである牧師に任せておけばよい」と考えるべきではないことがわかります。教団や教派によってポリシーが異なる場合はありますが、牧師がいない教会や牧師の病欠中に、教会員が交代で礼拝でのメッセージの働きを担うことがあります。子どものための礼拝や、祈禱《きとう》会等でメッセージを依頼されることもあるでしょう。教会の外の大小さまざまな集まりで、福音のメッセージを語るという機会が訪れることもあります。より広い意味で、メッセージを語ることはすべてのクリスチャンに託《たく》されている働きであると言えるでしょう。

では、メッセージに関する牧師の役割とは何でしょうか。もちろん牧師は、教会において中心的にメッセージを語る役割を担いますが、良い説教者になるよう教会に来ている人たちを励まし導くこともまた、重要な務めであると言えるでしょう。

メッセージを語る人（メッセンジャー）には、大切な使命があります。ペテロとヨハネが神様に、「しもべたちにあなたのみことばを大胆に語らせてください」（使徒の働き4章29節）と祈ったように、「みことばを大胆に語る」ことです。それは、聖書に登場するモーセ、ダビデ、パウロ、そしてイエス・キリストが何千年も前に語った言葉を、現代人の心に大きなインパクトをもたらす言葉として語り直すことだと思います。そのためには何が必要でしょうか。

ペテロは、「ただし、柔和な心で、恐れつつ、健全な良心をもって弁明しなさい」（ペテロの手紙第一3章16節）と書いています。イギリスの神学者ジョン・ストットも、「説教者の準備は、説教の準備より重要である」と語りました。メッセンジャーは何よりもまず、自らのクリスチャンとしての態度を顧み、整えなくてはならないということです。

次に必要なこととは「大胆さ」です。イエス・キリストは実にダイナミックな説教者でした。山の上で、また食事の席で語られ、たとえ話や比喩的表現も使われました。あるときは弟子たちを連れて会堂に行き、人々が献金する様子を見せながら教えられました。イエス・キリストは、人々の「聞く力に応じてみことばを話された」（マルコの福音書4章33節）のです。パウロも「福音のためにあらゆることをしています」（コリント人への手紙第一9章23節）と、対象者に合わせたアプローチの大切さを語っています。

メッセージにおける「大胆さ」にはいろいろな要素があると思いますが、聞く人に届くように、あらゆる手段を用いて語るということも、そのひとつであると思います。自分のメッセージスタイルにこだわり、聞く人に対して「それに慣れてください」というような態度ではなく、「あの人にどうすれば届くだろうか」という思いをもって工夫してメッセージを準備し、語ることが大切ということですね。

一方で、メッセージを聞く人にも責任があります。旧約聖書には、「主を恐れることは知識の初め」（箴言1章7節）と書かれています。メッセージによって語られるのは「みことば（神様のことば）」ですから、評論家のような「上から目線」な態度ではなく、へりくだった態度で聞く必要があります。時には、お世辞にも聞きやすいとは言えないメッセージを聞かなくてはならないこともあるでしょう。しかし説教者にあまり目を奪われてしまうと、肝心の神様からのメッセージを聞けなくなってしまうのです。

最後になりましたが、メッセージを準備する上で、語る上で、また聞く上で、最も大切なことがあります。それは聖霊なる神様の働きです。その働きがなければ、罪のある人間は、正しくメッセージを語ることも、また理解することもできません。つねに聖霊なる神様の働きを祈り求めつつ、へりくだった態度でメッセージと向き合いましょう。

共同の祈りとは？
～わかりやすく祈り、ひとつになる～

「祈り」とは、神様が与えてくださった、神様との大切なコミュニケーションの手段（方法）です。難しい呪文も、複雑な儀式も、特殊な道具も必要ありません。いつでも、どこでもすることができ、そして正直に、どんなことでも祈ることができます。言葉にならない心のうめきのような祈りでさえ、神様は聞き届けてくださいます。朝や夜、他の人のいない静かな場所で聖書を開き、神様の言葉に目を留めつつ、自分の罪を悔い改め、感謝をささげ、自分や他者の必要を正直に祈る。クリスチャンにとって本当に感謝な、そして至福のひと時ですね。

「祈り」という言葉を聞くと多くのクリスチャンは、まずこのような「ひとりの祈り」を思い浮かべるかもしれません。イエス・キリストご自身も、「あなたが祈るときは、家の奥の自分の部屋に入りなさい」（マタイの福音書6章6節）と、「戸を閉めて」ひとりで祈ることを奨励されました。

　しかし教会には、「会衆祈禱」とも呼ばれる、複数の人が参加する「共同の祈り」があります。礼拝の中での牧師の祈り、礼拝の司会者による祈り、献金（感謝）の祈り、礼拝の最後の祈り（祝禱《しゅくとう》、終禱《しゅうとう》）に加え、祈禱会、食事会、聖書研究会、さらにはクリスチャンの家庭の中にもあたり前のように「共同の祈り」が存在します。

　「共同の祈り」には、神様が与えてくださった、たくさんの大切な役割（機能）があります。若いクリスチャンは、信仰の先輩の祈りを通して祈り方を学びます。必要を満たしてくださいという他者の祈りを通して、そこに自分の知らなかった祈るべき必要があることに気づかされます。感謝の祈りを通して、神様の深い愛や忠実さを確認し、さらにはその祈りから大きな励ましを受けることもあります。

　しかし、「共同の祈り」の最も大切な役割は、皆が心をひとつにするということかもしれません。聖書にはさまざまな祈りの場面が記されていますが、実はその多くは「共同の祈り」です。旧約聖書の申命記や歴代誌には、イスラエルの人々が、心をひとつにして神様に祈ったとき、神様が答えてくださったという記述があります（申命記26章7〜9節、歴代誌第二7章14〜15節）。これは、現代の教会においても同様です。教会で皆が心をひとつにして祈るとき、神様がその祈りを喜び、そして聞き届けてくださるだけではなく、愛のある一致（使徒の働き2章42〜47節）がもたらされます。それはたとえば、文化的背景や個々の考え方に違いがあっても、イエス・キリストを信じる信仰において互いに愛し合い、一致するということです。

「共同の祈り」には課題もあります。教会で祈られる「共同の祈り」は、難しいクリスチャン用語を多く用いた祈りや、少々古風な定型文になりがちで、若い人や、特に教会に慣れていない人に対して近寄り難い印象を与えてしまいます。「共同の祈り」は「共に祈る祈り」ですから、共に祈る皆さんにとってわかりやすい、そしてなるべく親しみやすい言葉である必要があります。現代の言葉に合わせて聖書の翻訳が新しく、そして、わかりやすく変わっていくのと同様ですね。「共同の祈り」にとって大切なのは、クリスチャン用語を巧みに操ることでも、雄弁であることでもなく、神様に向けられた心からの祈りであることと、共に祈る人の心がひとつになることです。

「共同の祈り」は、人前で祈る祈りですから、中には恐れを感じ、祈ることに尻込みしてしまう人もいます。それは十分に理解できることです。決して祈りを強制することなく、まずは信仰の先輩や祈りのベテラン信徒さんが、率先して良い見本を示しつつ励ましましょう。いろいろな人の、いろいろな祈り、言い換えれば「祈りの多様性」のある教会は、健全な教会であると思います。

確かにイエス・キリストは「自分の部屋」で祈ることを奨励されましたが、「共同の祈り」を否定されたわけではありません。イエス・キリストは偽善者のする「独りよがりの祈り」や「自分を良く見せようとする祈り」を戒められたのです。そしてこうも語られました。

「あなたがたのうちの二人が、どんなことでも地上で心を一つにして祈るなら、天におられるわたしの父はそれをかなえてくださいます。」

（マタイの福音書18章19節）

クリスチャンの祈りの最後には、「アーメン」という言葉が付け加えられます。それは「本当に」「そのとおり」という意味で、言い換えれば「一致します！」という告白でもあります。人のする祈りに完璧な祈りはありませんが、私たちの「共同の祈り」が、しっかりと神様に向けられ、イエス・キリストによってひとつになろうとする「アーメン」な祈りであるかどうかをつねに確認しましょう。

献《けん》　金《きん》

～教会の儲《もう》け？　牧師の給与？～

多くのクリスチャンにとって「献金《けんきん》」は、新しく教会に来た人に対して最も気を遣うことのひとつかもしれません。「教会はお金儲けの場所ではないから、変に誤解されたくない」と思うのがその大きな理由でしょう。

たしかに教会の目的は、お金を儲けることではありません。しかし、ほとんどの教会が、牧師の給与を含め、教会全般の運営を「献金」によってまかなっているのも事実です。では、クリスチャンは「献金」についてどう考えるべきでしょうか。

まず大切なことは、お金を含め、人間が自分のものと思っているものすべては、もともと人間のものではないという認識を持つことです。「地とそこに満ちているもの／世界とその中に住んでいるもの／それは主のもの」（詩篇24篇1節）と聖書に書かれているからです。その上で神様は、私たち人間にそれらを管理する責任を与えてくださいました。エデンの園の管理がアダムとエバに任されたように（創世記1章26～27節）、私たち人間は、地上にあるすべてのものを、自分のものとしてではなく、神様のものとして管理する立場にあるのです。

では、お金を含めた財産の管理者である私たちは、それをどう用いることができるでしょうか。人間社会の常識では、管理者は自らが管理を任されている財産に対して、それが自分のものであるかのように手を付けることは許されません。しかし神様は違います。神様は、人間一人ひとりに管理を任せている財産の大半を、自分の必要のために使ってもよいと言われます。その上で、「しかし十分の一だけはわたしに返しなさい」と言われるのです（レビ記27章30節参照）。聖書の神様は、なんと太っ腹なお方でしょう。

「十分の一をささげる」ということに関して、イエス・キリストご自身もそれを「おろそかにしてはいけない」（ルカの福音書11章42節）と語っておられます。しかし一方で、「わざわいだ、偽善の律法学者、パリサイ人。おまえたちはミント、イノンド、クミンの十分の一を納めているが、律法の中ではるかに重要なもの、正義とあわれみと誠実をおろそかにしている」（マタイの福音書23章23節）と語り、警鐘を鳴らしています。

律法学者やパリサイ人たちは、十分の一をささげることを忠実に守っていましたが、そのような自分の行いを人々の前で大いに自慢し、さらに守ることができない人々を見下していたのです。

現代のクリスチャンが、「献金」に対して律法学者やパリサイ人のようになるとはどういうことでしょうか。それはたとえば、以下のようなことかもしれません。

「十分の一さえささげていれば安心だ」「残りはどう使っても自分の勝手だ」「十分の一をきちんとささげていることを、牧師や教会の人にぜひ知ってもらいたい」「十分の一をささげているのだから、私には教会の中で発言権があるはずだ」「十分の一をささげていないクリスチャンは尊敬に値しない」。

このような考え方や態度は、当時の律法学者やパリサイ人の考え方や態度に共通しています。そして神様を大いに悲しませるでしょう。

では私たちは、どのような態度で「献金」をすべきでしょうか。パウロは以下のように語っています。

「一人ひとり、いやいやながらでなく、強いられてでもなく、心で決めたとおりにしなさい。神は、喜んで与える人を愛してくださるのです。」

（コリント人への手紙第二9章7節）

イエス・キリストも、最も価値の低いレプタ銅貨二枚を献金箱に入れた貧しい女性に対し、「だれよりも多くを投げ入れました」と言われました（マルコの福音書12章42～44節）。「献金」に関して最も大切なのは、その額でも、厳密な割合でも、人からどう思われるかでもありません。ただ心から喜んで、感謝を込めて神様にささげるということなのです。

聖書には、「献金」の使い道に関する具体的な記述もあります。旧約聖書の中には、十分の一のささげものを、レビ人を養うために使いなさいと書かれています（申命記12章17～19節）。レビ人は、畑などの土地からの収入源を持たず、祭司として神様に仕える部族でした。現代の教会では、牧師や宣教師、またさまざまな形で神様に仕える人や団体を指すでしょう。旧約聖書には同様に、寄留者、孤児、やもめといった社会の中の弱い人たちも、レビ人と一緒に養われるべきであると書かれています（申命記14章28～29節）。

現代の多くの教会では、教会堂や土地の購入のために多額の「献金」が用いられます。決して間違いではないと思いますが、「神様に仕える人々を十分にサポートしているか」また「地域社会の弱者をケアすることにも予算が用いられているか」といった問いかけを通して、その使い道をつねに確認することも必要です。

証《あか》し
～誰のため？　何のため？～

教会では牧師のメッセージ（説教）とは別に、教会員による「証《あか》し」を聞く機会があります。証しとは、神様がしてくださったことを人々に伝えるということです。証しを聞いたことのある人の中には、イエス・キリストの救いを信じる決心をした時のことや、苦しみの中で神様によって安心が与えられた出来事などを聞いて、感動したことがきっとあるでしょう。

聖書の中でパウロは多くのユダヤ人の前で、自分の生い立ちから始め、イエス・キリストとの不思議な出会いや導きについて証ししました。ユダヤ人社会の中でエリートとしての立場を持っていたパウロの話に、人々が聞き入った様子もそこに記されています（使徒の働き22章1～2節）。

証　し

イエス・キリストご自身も、ゲラサ人の地で、悪霊につかれている男性を癒やされた後、彼にこう言われました。「あなたの家に帰って、神があなたにしてくださったことをすべて、話して聞かせなさい。」それで彼は家に帰り、自分の身の上に起こったことを町中に証ししました（ルカの福音書8章39節）。

証しを語ることは、イエス・キリストによってクリスチャンに与えられた務めでもあると同時に、そこには実にさまざまな作用、そして役割があります。では、それらを見ていきましょう。

まず「証し」をするには、それを語るための準備が必要となります。自分の身の上に起こった出来事を詳細に思い出しつつ、時系列などを整理し、その時の体験やその時の気持ちを言葉にしなくてはなりません。さらに語る相手や場所を頭に思い浮かべながら、わかりやすいように、そしてしっかり届くように内容をまとめる必要もあります。

このような「思い出す」「気持ちを言葉にする」「わかりやすくまとめる」という作業は、それをする本人にとって非常に有意義な時となります。思い出すことによって、あの時の感動をもう一度味わい、あらためて感謝の祈りを神様にささげることができます。また、気持ちを言葉にすることを通して、自分の体験をその時だけのものから、これからの信仰生活における励ましや教訓として残すことができるようになります。さらに、わかりやすくまとめる作業の中で、その証しを届けたい人の顔を思い起こしつつ、その人のために祈ることもできます。このように、人に聞いてもらうために作る証しですが、そのメリット（恵み）の第一の享受者《きょうじゅ》は、自分自身なのです。

証しには、信仰の兄弟姉妹を励ますという作用もあります。証しを聞く人たちの中には、大きな苦難や迷いの中にある人もいます。「自分はこの苦しみを乗り越えていくことができるだろうか」「神様に祈っているけど、まだ答えが与えられていない」と感じている人たちが証しを聞くとき、「あの人のように私もがんばろう」「きっと神様は私のことも助けてくださる」と思えるようになるでしょう。

証しは伝道のためのツールでもあります。たとえば一か月後の教会の礼拝で証しをすることを依頼され、時間をかけ、祈りつつそれを作ったとします。その場合、証しの本番はいつでしょうか。一か月後の礼拝でしょうか。そうではありません。冒頭で紹介した二つの聖書箇所（キリストに癒やされた男性やパウロの証し）からもわかるように、そこには神様のことを知らない、神様から離れている人に向けて語られることに重要な意味があると言えるでしょう。

ですから一か月後の礼拝での証しは、予行練習のようなものです。証しの本番は、伝道したいと思い、祈っていた友人との食事会の時、クリスチャンではない親戚の叔父さんの家に届け物をした時です。

一度作った証しは、そのような時に大いに役立つ伝道のツールなのです。だからこそ、わかりやすい言葉で準備する必要があります。美辞麗句が並べ立てられていたり、キリスト教用語満載だったりする証しは、クリスチャンではない人には難しく理解できません。教会で語る証しであっても、その届け先はあくまでも神様を知らない人である、という思いで準備するとよいでしょう。

証しを頼まれたら、まずは一度全部話したい内容を書き出してみましょう。原稿を読みながらの証しもいいですが、可能であれば暗記して相手の目を見ながら話すことができれば、なおよいと思います。ただ人々の前でする証しの場合、与えられた時間を忠実に守ることが大切です。内容があっちこっちに広がりフラフラしてまとまりのない話は、聞く者に祝福ではなく苦痛をもたらします。また長くなりすぎる場合、礼拝や集会の時間にも悪影響を及ぼします。

牧師や信頼できる教会の友だちに、あらかじめ原稿のチェックを依頼しましょう。また証しには言葉にプラスして、音楽や写真、動画やスキット、さらにはダンスといった芸術的表現を加えることもできます。そのような証しは、より多くの人の心に届くことでしょう。

証しは、人前でするのが基本です。しかし、中には人前に出ることに大きな苦痛を感じる人もいます。証しは決して強制ではありません。ごく少人数の人の前で行ったり、はじめは録画でトライしたりといった工夫や配慮も必要です。さあ、証しを通して、大いに神様に祝福されましょう。

教会学校
〜共に学び、共に成長する〜

子どもたちが教会で学ぶ、いわゆる「教会学校（日曜学校）」を始めたのは、ロバート・ライクス（一七三六〜一八一一年）というイギリス聖公会の信徒でした。

産業革命の嵐が吹き荒れていた当時のイギリスの都市部には、低賃金の工場労働者として地方から来た多くの少年少女たちが集まっていました。教育の機会を持たなかった彼らの状態を嘆いたライクスが一七八〇年、他の信徒たちと協力して、少年少女たちの唯一の休日であった日曜日に、彼らの教育に取り組んだのが「日曜学校」の始まりでした。

当初は貧困層のみを対象とし、聖書の学びに加え、言葉の読み書きも教えていましたが、その後、幅広い年代を対象とした信徒教育へとその姿を変えつつ、イギリス中の教会、そして世界中の教会へと広がっていきました。もちろん、一七八〇年以前の教会にも教育の機会はありましたが、近代的な「学校」という形式を用い、組織的に始めたのがライクスだったのです。今日、世界中の教会は、さらに多様な形で熱心に教育に取り組んでいます。

「教育」は、クリスチャンが形作られる上で必要不可欠な要素です。それは教会の歴史を見てもわかることですが、何よりも聖書自身が「教育」の重要性を繰り返し語っています。

旧約聖書には、エジプト脱出後、約束の地であるカナンに入ろうとするイスラエルの民全体に対し、神様がモーセを通してさまざまな戒めや定めを与えられたことが記されていますが、そのひとつが「教育」でした。申命記6章1～9節の記述はその代表例です。そこには「教育」の内容、対象と責任、目的と結果、さらにはその方法までもが記されています。

バビロンでの捕囚から帰還し、新たな国を形作ろうとするイスラエルの民全体に対し、ネヘミヤやエズラを通して神様は、モーセの時代に与えられた戒めや定めを再確認するための「教育」の重要性を説かれました。ネヘミヤ記8章

1～9節には、モーセの律法の書をわかりやすく説明することや、「教育」の役割分担などが示されています。

新約聖書の中では、イエス・キリストがさまざまな方法を用いて、熱心に弟子たちを「教育」する姿を数多く見ることができます。パウロもまた、異邦人の文化の中で奮闘する当時の教会（初代教会）のすべての信徒たちを対象に、「教育」の大切さを繰り返し語っています。

では、現代の「教会学校」の意義とは何でしょうか。まず「教会学校」は、子どもが対象と思われがちですが、教会における教育は、すべての年代が対象です。そしてそこには、聖書の言葉を覚えるだけにはとどまらない、多様で豊かな意義が存在します。

まずは聖書の言葉の内面化です。牧師の礼拝メッセージは、非常に大切な「教育」の機会ですが、残念ながらそれだけでは不十分です。礼拝メッセージはほとんどの場合、一方向的に語られるからです。メッセージ等を通して語られた聖書の言葉を消化し、自分自身の日常生活の中にその内容を落とし込んでいくには、他者と意見を交換しながら、より主体的に考察する必要があります。そのために神様は、信徒同士の交わりの場でもある教会での学びを備えてくださいました。したがって「教会学校」は、どの年齢層が対象であっても、先生ではなく、生徒が主役となる学びの場です。

「教会学校」は、そこに関わるすべての人が、共に学び、共に成長する場でもあります。生徒は先生から、また他の生徒から学び、先生も生徒から学びます。そこは人格と人格が交わる、世代を超えた、相互成長の場なのです。

「教会学校」は、信仰の共同体の形成をもたらします。礼拝だけに出席し、あいさつもそこそこに帰るだけでは、人と人のつながりが生まれません。「教会学校」の中で聖書の言葉を中心に、本音で自らの思いを語り、共に分かち合い、共感し、祈り合う。幼い時から、また大人になっても継続されるそのような交わりを通して、愛の共同体としての教会が形成されていきます。

「教会学校」は、教会の信徒リーダーシップを育成します。教会のリーダーには、神様への、そして幅広い年代の人に対するへりくだりが求められます。決して上から目線で「教えてあげる」のではなく、聖霊の働きを願い求め、責任をもって聖書の言葉を取り扱いつつ、年齢に関係なく、すべての生徒が主体的に関わることができる学びの雰囲気を作るのが、「教会学校」の先生の役割です。教会のリーダーに欠かせない資質をそこで磨くことができるのです。

先ほど「教会における教育は、すべての年代が対象です」と書きました。それは、言葉を覚えたばかりの子どもから、九十代の先輩信徒までという意味です。教会のすべての皆さんが自分を、「成長を必要とする生徒」と自覚することができたら、なんと素晴らしいことでしょう。

音楽と教会
～「ふさわしい」音楽って何？～

世界中どこに行っても音楽は存在します。音楽の種類には好き嫌いがあっても、音楽そのものが嫌いという人はあまり聞いたことがありません。それは人間が、音を奏でる声や、リズムを刻む手足を持つ楽器的な存在として、さらに音楽を作り、音楽を楽しむクリエーター的な存在として神様に造られているからかもしれません。大自然や食べ物と同様、音楽はすべての人間に与えられた神様からの贈り物であるとも言えるでしょう。

聖書の中にも、さまざまな場面で音楽が登場します。旧約聖書には、ダビデの竪琴《たてごと》の演奏で元気を取り戻したサウル王の姿（サムエル記第一16章23節）や、イスラエルの民が、歌、竪琴、琴、タンバリン、シンバル、ラッパといったさまざまな楽器を用いて喜び踊った様子（歴代誌第一13章8節）が描かれています。新約聖書では最後の晩餐の後、イエス・キリストが弟子たちと共に賛美の歌を歌ってからオリーブ山へ行った様子（マタイの福音書26章30節）や、投獄されたパウロとシラスが牢屋の中で、ほかの囚人たちが聞き入ってしまうような歌を歌ったこと（使徒の働き16章25節）が記されています。ダビデの竪琴やイスラエル人のラッパがどんな音を奏でたのか、イエス・キリストと弟子たち、またパウロとシラスが、どんな歌を歌ったのか、とても興味がわきますね。

二一世紀の教会においても、音楽は非常に大きな役割を果たしています。音楽を通して、共に神様に感謝をささげ、共に神様をほめたたえ、同時に神様がどのようなお方であるかを再確認します。時には音楽を通して自分の罪深さが明らかにされたり、進むべき道が示されたりすることもあります。

プロテスタント・キリスト教は「言葉の宗教」と呼ばれるほど、言葉を大切にします。教会で歌われる歌は、その歌詞の内容が神学的に吟味されていることが重要です。また聖書の翻訳が定期的に改訂されるのと同様、共に歌うすべての人にわかりやすい言葉が用いられることも重要です。難しい（わかりにくい）言葉をあえて使うのであれば、解説が伴うべきでしょう。

言葉が伴わない音楽にも大切な役割があります。礼拝の時、オルガンの前奏によって心が整えられ、会衆の思いが神様に向けられます。聞き慣れたプレイズソング（より現代的な賛美の楽曲）のメロディーやリズムを通して励まされ、慰められることもあります。

ただ、どのような音楽を通して心が神様に向けられ、励ましや慰めを受けるかには個人差があります。ある人は荘厳なパイプオルガンの音によって、またある人はギターやドラムの奏でるリズムによって心が動かされます。それは、「音楽に対する慣れや好みの傾向」と言い換えることができるかもしれません。私たちは音楽に関して、生まれ育った社会や文化（教会文化を含む）の影響を大きく受けています。特定のメロディーやリズムそのものの中に、退屈だったり、邪悪だったりする要素があるわけではありませんが、ある人は特定の音楽にそのようなものを感じることがあります。

では教会では、どのような音楽が用いられるべきでしょうか。基本的には、より多くの会衆の心がひとつになる音楽が、それぞれの教会によって選ばれれば良いと思いますが、当然そこには「音楽に対する慣れや好みの傾向」の異なる人への配慮が必要となります。

音楽の質（クオリティー）も大切です。聖書の中で「最上の部分」を神様にささげること（民数記18章29～30節）が求められているからです。音楽の完成度や優れたテクニックもそこに含まれるでしょう。しかし、やはり重要なのは信仰者の心です。レプタ銅貨二枚をささげた貧しい女性（マルコの福音書12章42～44節）に対し、イエス・キリストは「だれよりも多くを投げ入れました」（43節）と言われました。教会の中学生が、覚えたてのギターでたどたどしく歌う歌であっても、それが信仰をもって心からささげられている歌であれば、神様に喜ばれることでしょう。

一方、一番良くないことは、習慣的に音楽を選び、心を込めずに用いることです。イエス・キリストは習慣化された、儀式的な信仰をつねに戒められました。聖書、特に詩篇の中には「新しい歌を歌え」という言葉が繰り返し登場します。そこにはいくつかの大切な意味が含まれています。人生の旅路でクリスチャンが日々受け取る新しい恵みを、「新しい歌詞や新しいメロディー」で表現し、蓄積し続けていくとき、それを神様は喜んでくださいます。また、思いを新たにすることも重要です。たとえ昔から用いられている音楽であっても、つねに「新たな思い」で向き合うとき、同様に神様は喜んでくださるのです。

祈《き》禱《とう》会

～祈る時間、人数って関係ある？～

教会で集まる機会の中で、礼拝の次に多いのが祈禱会かもしれません。多くの教会では、水曜日か木曜日の夜に祈禱会を開いています。早天祈禱会（朝早く集まってする祈り会）や、断食祈禱会（決められた期間、食事を断って祈りに集中する会）を定期的に開いている教会もあります。週の半ばに、またさわやかな早朝に、さらには時間をかけて集中して共に祈る機会は、クリスチャンにとって格別の時ですね。

「まことに、もう一度あなたがたに言います。あなたがたのうちの二人が、どんなことでも地上で心を一つにして祈るなら、天におられるわたしの父はそれをかなえてくださいます。二人か三人がわたしの名において集まっているところには、わたしもその中にいるのです。」

（マタイの福音書18章19～20節）

これは祈禱会に集まることの大切さを強調する際に、頻繁に用いられるみことばです。しかしよく読むと、いくつかの疑問が湧いてきます。「一人の祈りではだめなのかなあ？」「二人以上で祈るなら、絶対にどんなお祈りも聞かれるのかなあ？」といった疑問です。

聖書を読む時に守るべき大切なルールのひとつは、聖書から一、二節だけを抜き出して理解するのではなく、その前後に書かれていることのつながりの中で理解するということです。

この聖書箇所の直前の15～16節には、罪を犯した同胞のクリスチャンに対して、その問題を指摘することに関する教えが書かれています。イエス・キリストは、まずは問題をおおやけにせず一対一で話をしなさいと教えています。その上で、罪を認めたら赦《ゆる》し、もし認めなければ、「ほかに一人か二人、一緒に連れて行きなさい。二人または三人の証人の証言によって、すべてのことが立証されるようにするためです」（16節）とあります。16節に出てくる「二人または三人」が、20節の「二人か三人」に当たります。ですから、19節の「どんなことでも」とは、「入試に合格しますように！」とか「病気が治りますように！」といった一般的な願いというより、「罪を認めることを拒んだ同胞に対する証言」に関することとなります。

16節には「証人」とありますが、複数の証人とは、ある出来事に対して共通理解を持ち、それについておおやけに証言する覚悟を持っている人たちのことです。言い換えれば、マタイの福音書18章19〜20節は、「教会の中に難しい問題が発生した時には、祈りつつ、複数の人が協力し、一致して対処しなさい。神様はその人たちの味方ですよ」という教えであると理解することができます。

では、この聖書箇所は、教会で祈禱会への出席を呼びかける時に使うべきではない、ということになるでしょうか。いいえ、決してそうではありません。この聖書箇所は、教会の中で二人以上の人が心を合わせ、祈りつつ協力し合うことの大切さを語っていますから、祈禱会はもちろんのこと、教会の中のあらゆる働きに対して応用することのできるみことばです。

では、なぜイエス・キリストは、二人以上にこだわっておられるのでしょうか。神様はクリスチャン一人ひとりを導いてくださいますが、決して孤独な戦いを強いるお方ではありません。神様は教会を作り、支え合う信仰の友を与えてくださっています。教会の中に問題が起こったときも、共に祈りつつ協力して対処することができます。

イエス・キリストは天に昇られた後、聖霊を送ってくださいましたが、その聖霊に満たされて複数の者が共に祈るとき、より神様のみこころに叶う祈り（神様に喜んでいただける祈り）をささげることができるようになります。

したがって、クリスチャンが集まって共に祈る祈禱会は、個々のクリスチャンのみならず、教会全体の「健全性」にとって必要不可欠であると言うことができるでしょう。

では、すべての祈禱会は自動的に健全であると言えるでしょうか。残念ながらそうでもありません。たとえ複数の人が共に祈ったとしても、たとえば神様への謙遜さが失われるときには、不健全な祈禱会が発生します。祈りは、憐み深い神様が「よし」としてくださるので、聞かれます。しかし、「がんばって祈ったから聞かれるはずだ」といった思いが出てくると、それは神様の力ではなく、自分の努力がメインになってしまいます。

早天祈禱会や断食祈禱会は、素晴らしい祈禱会の形ですが、その困難さのゆえに「より信仰的だ」「より聞かれる祈りだ」と勘違いされることがあります。祈りは、クリスチャンがその心を神様の前にさらけ出す時であり、また同時に神様に私たちの心を探られる時でもあります。何よりも謙遜な心をもって、共に祈りつつ神様の前に進み出たいものですね。

愛《あい》餐《さん》会
～おいしくて、楽しいだけじゃない！～

「愛餐会」とは教会で行う食事会を指すキリスト教用語です。一般社会では耳馴染みのない言葉ですが、日本語の聖書（新改訳２０１７）の中では、「愛餐」という言葉がユダの手紙1章12節に一度登場します。同じ言葉が英語の聖書（ＮＩＶ）では、「love feast」と訳されています。

しかし英語圏のキリスト教の教会では、食事会に対して「フェロシップ（交わり）」という言葉を用いることが多く、昼食会であれば「ランチ・フェロシップ」、夕食会であれば「ディナー・フェロシップ」などと呼ばれます。日本では、より聖書に近い「愛餐会」という言葉が多くの教会で用いられています。愛餐会はイエス・キリストの愛に基づいて行われるものですから、とても聖書的な呼び名であると言えるでしょう。

愛餐会はどのようにして始まったのでしょうか。イエス・キリストは捕らえられ十字架に架けられる直前、弟子たちと共に食事会をしました。そしてその最後に、弟子たちのためにパンを裂いて共に食べ、またぶどう酒を飲みました（マルコの福音書14章22～24節）。これが教会で行われる聖餐式の原型であり、その前の食事会が愛餐会の原型であるというのがキリスト教における一般的な理解です。

イエス・キリストの昇天以降、教会が世界各地に広がっていきましたが、多くの教会において、聖餐式と同じように愛餐会も持たれるようになりました。聖餐式は、洗礼式と並んで「聖礼典」として位置付けられ、教会の最重要式典のひとつとなりました（「洗礼式と聖餐式」の項参照）。不可欠さという意味では、愛餐会は聖餐式と同位ではありませんが、非常に重要な教会の行事であることに変わりはありません。

新約聖書の時代、クリスチャンは互いに食べ物を持ち寄り、互いの関係性を深めながら食事をしました。集まった人々は神様や教会について、また家族や仕事などについて自由に話し合い、学んだり、励まされたりしました。そしてその体と心が養われ、信仰も成長していきました。生活に困っている人たちも招待され、必要な糧を得ることができました。愛餐会に「愛」の字が用いられるのは、そこに愛のケアの観点があったからです。

コリント人への手紙第一11章18節以降の箇所でパウロは、当時のコリントの教会の愛餐会で、貧しい人たちがないがしろにされている状況があることを戒め、聖餐の時も含めた教会における食事のあり方について教えています。

日本の多くの教会でも愛餐会が持たれていますが、そこには多様性があります。毎週実施している教会もあれば、月に一度程度の教会もあります。日曜日の礼拝後に開催する教会もあれば、土曜日の夕方の教会もあります。食事の内容も多様です。食べ物を持ち寄る愛餐会もあれば、近所の仕出し屋さんにお弁当を注文して食べるという愛餐会もあります。

では、ここから愛餐会の作用や、もたらされる益について考えてみましょう。

愛餐会は、教会員同士の良い交わりの機会です。礼拝では、皆で礼拝堂の前方に顔を向けて座りますが、愛餐会では互いの顔が見えるように座ります。礼拝に出席してすぐに帰ってしまえば、あいさつ程度だけになりますが、愛餐会では食事をしながらゆっくり話すことができます。普段の生活の様子に加え、信仰生活についての分かち合いもできます。祈禱課題を出し合い、祈り合うといった、より交わりを深めることにつながるようなプログラムがあるとなお良いですね。また、毎回の愛餐会で教会員の座る席が決まってしまうと交わりの幅が狭くなってしまいます。座席の工夫もできると良いでしょう。

愛餐会には奉仕者が必要となります。食事の準備だけではなく、テーブルや椅子の設置、後片付けといった多様な奉仕の機会がそこにあります。それは礼拝の司会者や献金当番とは異なる、どちらかというと、裏方の奉仕かもしれません。人前に出ることに慣れていない方や、教会員になったばかりの方の奉仕の機会や訓練の場としても活用されるとよいでしょう。毎回決まった人に奉仕が集中し、重荷とならないように工夫することも大切です。

愛餐会はまた、良い伝道の機会を提供します。礼拝への出席と聞くとハードルが高く感じられる人も、食事会なら出席しやすいかもしれません。何回かに一回の愛餐会を、伝道の機会として計画するのもよいかもしれません。

そして愛餐会は、愛のケアの場でもあります。先述したように、新約聖書の時代の愛餐会には生活に困っている人たちが招待されましたが、現代の教会もそのような活動により積極的になるべきでしょう。

愛餐会に直接招くことが難しければ、愛餐会で集めた食事代の一部を、経済的に困っている方々への募金に回したり、またそのような方々のための祈りを、食前の祈りの中に加えたりすることもできます。愛餐会の延長線上にホームレスの方々への炊き出しなどの働きを位置付け、熱心に取り組んでいる教会もあります。素晴らしいことだと思います。

たとえどのような形であれ、愛餐会を開くことには大きな意義があります。それは新約聖書の時代から続く伝統であり、教会全体に成長と祝福をもたらす交わりです。ぜひ積極的に取り組みたいものですね。

交わり

～引っかかるキリスト教用語NO1～

教会の中で頻繁に耳にする言葉のひとつに、「交わり」があります。一般的に「交わり」とは、人との交際やつきあいを意味する言葉ですが、聖書の語る「交わり」には、さらに多様で豊かな意味が含まれています。この言葉を聞くと、礼拝の後に皆さんで茶菓や食事を共にすることや、青年会、婦人会、壮年会といったグループでの楽しい集まりが、多くの人たちの頭に思い浮かぶかもしれません。イエス・キリストの昇天の直後、始まったばかりの教会にあったのは、「祈り」と「食事」と「交わり」（使徒の働き2章41～47節）でしたから、そのようなイメージは、とても聖書的であると言えるでしょう。

イエス・キリストを救い主として告白し、自分の罪を悔い改めるとき、私たちは恵みによってイエス・キリストの救いを受けることができます。パウロはそれを、「キリストとの交わりに入れられた」（コリント人への手紙第一１章９節）と表現しています。救いを受けたとき、神様は私たちに天国行きの切符を手渡し、「では、あちらで待っていますよ！」と言って、いなくなってしまうお方ではありません。救いが与えられた日から、天国へ行くまでの地上での期間、私たちはずっと神様の「愛」と「励まし」と「慰め」のある親しい「交わり」（ピリピ人への手紙２章１節）の関係性の中に留まり続けることができるのです。

　神様が私たちに下さるこの親しい縦の「交わり」の関係性は、クリスチャン同士の横の「交わり」の見本でもあります。その「交わり」は、一時的な、また楽しいだけの表面的なおつきあいではなく、心と心の人格的な「交わり」です。そこには「愛」があり、つらい時には「励まし」が、悲しい時には「慰め」があります。クリスチャンは互いに「配慮し合う」だけではなく、「ともに苦しみ」、「ともに喜ぶ」関係性（コリント人への手紙第一12章25〜26節）でつながっているからです。このような横の「交わり」もまた、神様が私たちに与えてくださる大切な「交わり」です。

クリスチャンの「交わり」のもうひとつの素晴らしい特徴はその多様性です。一般的なおつきあいのほとんどは、共通する立場や興味の上に成り立っているので、集まる人の年齢や社会背景が似通ってきます。しかしクリスチャンの「交わり」には、そのような縛りはありません。教会はあらゆる年代、あらゆる人種、あらゆる職業、あらゆる社会背景の人たちのための居場所だからです。もちろん青年会や婦人会といった、年齢や性別で分かれて行う「交わり」も重要です。そこにある特有の課題を分かち合い、また共感し、支え合うためにとても有益だからです。しかしクリスチャンの「交わり」の真価は、多様な人たちが手を携え、クリスチャンとして共に歩む中で発揮されると言えるでしょう（コリント人への手紙第一12章27節）。

パウロはこの「交わり」を、「神の家族」（エペソ人への手紙2章19節）にたとえています。赤ちゃんが家族の中で愛され、だんだん成長していくように、クリスチャンの「交わり」も、その中にいるクリスチャンの成長をもたらします。あたり前ですが、問題のない家族はこの世にはありません。時には言い争いがあり、ギクシャクした関係が続いたりすることもあります。また、時にはしばらくの間疎遠になってしまうことだってあるでしょう。それでも深いところでは互いに愛し合い、つながっている。それが本来の家族の関係性です。

クリスチャンの「交わり」も同様です。そこにいるのは罪のない人たちではなく、罪の赦された人たちですから、当然問題も起こります。気の合わない人もいれば、カチンときてしまう人もいるかもしれません。意見の食い違いが起こることや傷ついてしまうこと、またさまざまな理由で一時的に離れ離れになってしまうこともあるでしょう。しかし家族の絆が、さまざまな問題を乗り越えて強く豊かになっていくのと同様、クリスチャンの「交わり」もまた、問題を乗り越えて強くなっていきます。

ですから問題が起こったときには、祈りつつ、また互いに配慮しつつ、解決に向けた歩みを続けることが重要です。問題がないふりをしたり、そこから身を引いてしまったりしては、成長の機会が失われてしまうだけではなく、「交わり」そのものが死んでいきます。そこに残るのは、魅力のない、誰も加わりたくない、表面的なこの世の「交わり」です。

パウロは、「この世と調子を合わせてはいけません。むしろ、心を新たにすることで、自分を変えていただきなさい。そうすれば、神のみこころは何か、すなわち、何が良いことで、神に喜ばれ、完全であるのかを見分けるようになります」（ローマ人への手紙12章2節）と語っています。まずはへりくだって、それぞれ自分が変えられることを祈り求めるとき、その「交わり」は、さらに神様に喜ばれるものとなるでしょう。

奉《ほう》仕《し》

～務め？　それともボランティア？～

教会の中で頻繁に用いられる言葉のひとつに「奉仕《ほうし》」があります。礼拝の司会や献金当番にはじまり、教会堂の掃除、愛餐会の準備といった教会内のさまざまな働きが「奉仕」と呼ばれます。

一方、教会外の人にとって「奉仕」は、比較的イメージしにくい言葉かもしれません。普段この言葉を最も目にするのは、スーパーなどで商品の横に置かれた「ご奉仕品」と書かれた札くらいでしょう。辞書で「奉仕」を引くと、「国家・社会・目上の者などに利害を考えずに尽くすこと」という定義とともに、「サービスとして特に安く売ること」とあります（『大辞林』第三版、三省堂）。教会外の人に対して「奉仕」をわかりやすく説明しようと、「教会でボランティアをしている」と言われる方も多くおられることでしょう。

「奉仕」という言葉は、聖書の中で繰り返し用いられています。旧約聖書では九十五回、新約聖書では三十三回登場します（『聖書 新改訳2017』）。旧約聖書では、そのほとんどが礼拝の場所、すなわち天幕（幕屋）や宮、神殿においてなされる祭儀的な働きに対して用いられています。教会におけるクリスチャンの働きが「奉仕」と呼ばれるのは、確かにふさわしいですね。

新約聖書では、より多様な場所や働きに対して「奉仕」という言葉が使われています。神殿のあったエルサレムから遠く離れた、まだ教会のない宣教の地での働きにも「奉仕」という言葉が使われています。さらに「みことば」を語ること（使徒の働き6章4節）や、人々の「欠乏を満たす」働き（コリント人への手紙第二9章12節）についても「奉仕」という言葉が用いられています。

しかし、そのような「奉仕」の多様性がある中で、パウロは以下のようにも書いています。

「奉仕はいろいろありますが、仕える相手は同じ主です。」

（コリント人への手紙第一12章5節）

教会での奉仕にはさまざまな種類があります。しかしそこに優劣はありません。なぜなら、すべての奉仕は「主なる神」に対してなされるものだからです。さらにこのパウロの言葉は「奉仕」の方向性をクリスチャンに教えています。時に私たちは、人間関係に心を奪われ、「人の目を気にしての奉仕」「しがらみからの奉仕」に従事してしまうことがあります。もちろん、心のすべて（一〇〇パーセント）を神様に向けた「純粋な奉仕」は存在しません。人間には罪があるからです。しかし、「この奉仕はどこに向かってなされているだろうか？」と自問自答し、その心の方向性をつねに確認することは重要です。

またパウロは「ですから、神への奉仕について、私はキリスト・イエスにあって誇りを持っています」（ローマ人への手紙15章17節）と語ります。「奉仕」はクリスチャンに与えられた特権です。全知全能（すべてをご存じで、何でもおできになる）の主、この世のすべてを創られ、治めておられる神様に仕えることができるとは、何と素晴らしいことでしょう。たとえそれがどのような「奉仕」であっても、必要とされる「奉仕」の働きに従事する時は、真っ直ぐに心の目を神様に向け、そして誇りをもって、その役割を全うしたいものですね。

同時に、「奉仕者」への配慮も必要です。たとえば、「もう何年も教会に通っているのだから、この奉仕ができて当然だ」「役員なのだから、この奉仕ができないのはおかしい」といった考え方は聖書的ではありません。私たちはそれぞれ「異なる賜物《たまもの》」（神様から与えられたさまざまな能力）を持っていますから（ローマ人への手紙12章6節）、あくまでもそれに忠実に、ふさわしく「奉仕」することが求められているのです。

教会の皆さんに対して、さまざまな「奉仕」の働きに加わるように励ますこと（励まし続けること）は大切ですし、そのために必要な訓練や準備を提供することも大切です。しかし、無理な時は「ちょっと無理です」と、遠慮なく言える環境がそこにあることも、同様に大切かもしれません。たとえ喜んで始めた奉仕であっても、家庭の事情や体力的な課題で、続けることが難しくなることがあるからです。本来は安息日であるべき日曜日に、「奉仕者」に抱えきれないストレスがかかってしまうことや、「奉仕者」が毎週ヘトヘトに疲れてしまうような状態が続くことは、教会にとって健全であるとは思えません。

「奉仕者」が足りない時には無理やり募るのではなく、「私の神は、キリスト・イエスの栄光のうちにあるご自分の豊かさにしたがって、あなたがたの必要をすべて満たしてくださいます」（ピリピ人への手紙4章19節）ということばを信じつつ祈り、信仰をもって待ち望むこともまた、「主への奉仕」の一部であると考えるべきでしょう。

牧　師
～どんな資格が必要?～

牧師になる人とは、どのような人でしょうか。答えは簡単です。〝普通の人〟です。飛び抜けて頭が良い人や、クラスの人気者だった人でなければ牧師になれないということはありません。

では、「牧師」という職業も普通の職業でしょうか。いいえ、それは違います。牧師という働きには二千年近い歴史と伝統があります。また牧師は、教会を牧《ぼく》すことを神様に委ねられた特別な仕事です。牧すとは、羊飼いが羊を守り導くのと同様の働きです。

では牧師になるには、どのような準備が必要でしょうか。所属する教会や教団によって異なる部分もありますが、神学校という学校に入り、三年から四年間、長い場合は六年間の学びを修めることが必要です。神学校に入るのには試験があります。神学校での学びを全うすることができるかどうか、その学力が試されます。しかし牧師という働きは神様に任命される働きですから、学力以上に神様からの導き（召し）を見極めることが重要です。

多くの場合、以下の三つの質問を通してそれは確認されます。

①あなたの牧師としての召しは、聖書の言葉に支えられていますか。

②あなたは祈りと礼拝の中で神様に導かれ、心の中に確信と平安が与えられていますか。

③あなたは所属する教会、教団から牧師を目指すことを認められ、支援されていますか。

これらの項目は神学校入学時だけではなく、学びの途中や卒業時にも繰り返し確認されます。

神学校に入学すると、聖書言語と呼ばれるヘブル語やギリシア語に始まり、聖書を解釈する方法や、聖書の書かれた時代背景、教会の歴史などについて学びます。また聖書をわかりやすく教え伝える方法についても学びます。それだけではありません。人々を守り導く牧師になるには、クリスチャンとして人格的にも成長した人でなくてはなりませんから、自分の信仰の状態を確認することや、人を愛し、人を理解し、人と関わることについても学びます。一、二年で習得できる内容ではありませんね。

神学校を卒業すればすぐに牧師になれるかというと、そうでもありません。牧師を任命するのは所属する教会や教団ですが、多くの場合、数年間は牧師をサポートする立場としての「補教師《ほきょうし》」や「伝道師《でんどうし》」に任命され、実地経験を積みます。その上で牧師になるための試験を経てはじめて按手礼《あんしゅれい》（牧師の任命）を受けます。ここまでの道のりだけでも長く険しいですが、実は牧師になってからも継続的に学び、より神様に喜ばれる牧師に近づくことが求められます。

では、牧師の「人となり」はどうあるべきでしょうか。パウロは教会を守り導く働きについて、ギリシア語の「ディアコネオ」という言葉を頻繁に用いています。日本語の聖書では、「仕える」などと訳されます。辞書で「仕える」を引くと、そこには「目上の人のそばにいて、その人に奉仕する」などと出てきますが、「目上の人に奉仕する」とは、相手を自分よりも優れた者と認め、謙遜に働くことを意味します。パウロは「兄弟愛をもって互いに愛し合い、互いに相手をすぐれた者として尊敬し合いなさい」（ローマ人への手紙12章10節）と語っています。

牧師の「人となり」の最も重要な部分は、神様と人々に対して謙遜な人と言えるかもしれません。聖書に精通していることや説教が上手いことは牧師としての働きを大いに助けますが、神様は謙遜な人を用いてくださいます。また人々に対しても謙遜でなければ、信頼関係を築くことも難しくなります。

では、教会員は牧師に何を期待し、何を求めるべきでしょうか。実はこれらのことを考える前に、まずすべきことがあります。それは牧師のために祈るということです。パウロは頻繁に「祈ってください」（エペソ人への手紙6章19節）という言葉を書き送っています。勇敢であり、聖書の知識やイスラエルの歴史に精通していたパウロでさえ、クリスチャンの祈りを必要としていたのです。

さらに先ほどの、「互いに相手をすぐれた者として尊敬し合いなさい」（ローマ人への手紙12章10節）という言葉は、牧師に対する教会員の態度にも当てはまる教えです。牧師に何かを期待し求める前に、まずは牧師のために祈っているか、そして謙遜な態度をもって従おうとしているか、を確認することが大切です。

すべてのことに秀でている牧師は存在しません。神様はそれぞれの牧師に個別の賜物を与えてくださっています。神様が牧師に求めておられるのは、その賜物を用いて仕えることです。賜物が与えられていない部分に関しては、教会員によって補われる必要があります。確かに牧師にはリーダーという側面もありますが、牧師は教会員にとって同労者でもあります。この世的な見返りの少ない、そして困難な働きに従事する牧師のために日々祈りつつ、愛の態度で共に労する教会員のいる教会を、神様は祝福してくださいます。

教会員
～会員になる条件は？～

人が信仰をもつに至る過程は、とても個人的な経験です。神様は、一人ひとりの心に語りかけてくださるからです。しかし神様はクリスチャンに、個人的な信仰生活を送るようにとは言っておられません。「教会」で他のクリスチャンと共に礼拝し、祈り、学び、奉仕すること、すなわち「教会」に属することを求めておられます。

「教会」に属するということには、二つの意味があります。ひとつは、礼拝等で読む「使徒信条」にも記されている「聖なる公同の教会（公同教会）」に属するということです。「公同教会」は、国境や人種、言葉や文化の壁をも超えて存在する、クリスチャンの集まりを指します。出張や旅行先で初めて足を踏み入れた教会で、今まで会ったことのない人たちと共に祈り、また信仰を分かち合うことができる喜びを体験し、「私たちは神の家族なんだなあ」と感じるあの感動こそが「公同教会」に属するということです。

もうひとつの意味は、「地域教会」に属するということです。こちらは、毎週通っている、顔なじみの兄弟姉妹がいる「教会」のことです。クリスチャンは「公同教会」に属する者であり、また同時に、「地域教会」に属する者でもあります。私たちは神様の前に罪を悔い改め、イエス・キリストの恵みの救いをいただいてクリスチャンとなります。その時点で、「公同教会」に属します。その後、洗礼準備会等を経て洗礼を受け、教会員となります。その時点で、今度は特定の「地域教会」にも属することになります。

「地域教会」の会員となることは、「教会籍」を得ると表現されることもあります。英語では、「チャーチ・メンバーシップ」と訳されますが、それは個々が所属する「地域教会」を確定し、公にすることでもあります。

あるクリスチャンは、「公同教会」に属していれば、「地域教会」には属さなくてもいいのではないかと考えますが、それは違うかもしれません。聖書の教える「兄弟愛をもって互いに愛し合う」（ローマ人への手紙12章10節）ことや、

「互いの重荷を負い合う」（ガラテヤ人への手紙6章2節）ことは、おもに「地域教会」での近しい関係性を指しているからです。

たしかに聖書の時代には、現代の「地域教会」にあるような会員制度（教会籍）はありませんでした。しかし当時のクリスチャンにも、それぞれの「地域教会」に属しているという、はっきりとしたグループ意識（帰属意識）がありました。新約聖書のパウロやヨハネの書簡も、そのような意識を前提に書かれています。

「地域教会」の会員となる経緯はさまざまです。生まれた時から親と一緒に通っている教会や、友だちに誘われて初めて行った教会で救われ、洗礼を受けて会員となるケースもあります。また進学や就職、転勤などで、住む場所が変わった際、母教会（出身教会）の牧師や、クリスチャンの知り合いから勧められて、「転会」（教会籍を移す）という形で新たに「地域教会」の会員となることもあるでしょう。

いずれにせよ、「（神様は）キリストを、すべてのものの上に立つかしらとして教会に与えられました」（エペソ人への手紙1章22節）とあるように、「教会のかしら」はキリストですから、クリスチャンが「地域教会」に属するというプロセスの中には、神様の導きがあります。ですから、会員制レストランを選ぶように、自分の好みだけであちこちの教会を比較して決めるべきではありませんし、アイドルのファンクラブの会員のように、飽きたらやめるべきでもありません。神様に導かれ、そして会員となったからには、しっかりと腰を落ち着け、じっくりと関係性を築いていくことが重要です。

完璧な「地域教会」はどこにも存在しません。そこは天使たちの集まりではなく、不完全な人間によって形成される不完全な共同体です。牧師や役員でさえ欠けだらけの罪人です。

だからこそ神様はクリスチャンに、「兄弟愛をもって互いに愛し合う」ことや、「互いの重荷を負い合う」ことに加え、「互いに忍耐し合い……赦し合う」(コロサイ人への手紙3章13節)ことを求めておられるのです。

牧師の説教がいまいちだと思っても、役員の性格が自分と合わないと感じても、会員の役割は「教会」をぶっ壊すことでも、逆に身を引いてしまうことでもなく、建て上げることです。ローマのクリスチャンに対してパウロは、以下のような言葉を送っています。

「ですから、私たちは、平和に役立つことと、互いの霊的成長に役立つことを追い求めましょう。」

（ローマ人への手紙14章19節）

「地域教会」の会員は、祈りと奉仕とささげ物をもって教会と、その「かしら」であるイエス・キリストに仕え、自分を含めた「教会全体」の平和と成長のために尽くす役割を担う者なのです。

教会の役員
〜教会内での偉い人？〜

今から約二千年前、地上に来られたイエス・キリストは十二人の弟子たちを選び、彼らと共に活動されました。当然イエス・キリストは、ひとりで何でもできるお方でしたが、弟子たちに役割を与え、彼らと共に歩むことを選ばれたのです。イエス・キリストが天に昇られた後、アジアやヨーロッパ各地に広がっていった教会も、一握りのリーダーたちによってすべてが切り盛りされたのではなく、長老や執事と呼ばれる、選ばれた同労者たちと共に運営されていきました。そこに、教会の役員会の始まりがあります。「役員会」の呼び名や形態は、教団・教派によって異なりますが、その営みはキリスト教の歴史の中で、ずっと守り続けられてきたことです。二一世紀の教会の役員会もまた、その歴史をさかのぼれば、二千年前のイエス・キリストにたどり着くのです。

役員には、礼拝や教育、会計や会堂管理といった、それぞれに分担された働きがありますが、その中心にあるのは、教会における「みことばの奉仕のサポート」です。使徒の働き6章には、使徒たちによって七人の、いわば役員が選出される場面がありますが、その理由は、使徒たちによる「祈りとみことばの奉仕」をより充実させるためでした。7節にはその七人の働きによって、神様のことばが「ますます広まっていき」、教会も大きくなっていった様子が描かれています。その後、教会の発展に伴い、「長老」や「執事」といった名称や役割分担が登場しますが、その働きの意義は同様です。現代のほとんどの教会において「みことばの奉仕」を中心的に担っているのは牧師ですから、役員の最も重要な務めは、牧師のサポートであると言えるでしょう。

では、役員になるべき人とはどのような人でしょうか。使徒の働き6章3節には、その条件として「御霊と知恵に満ちた、評判の良い人たち」と書かれています。「御霊に満ちた人」とは、御霊に頼る人のことです。その人は、自分の能力に信頼するのではなく、へりくだって神様の力をつねに求める人です。「知恵に満ちた人」とは、神様の知恵に従おうとする人のことです。その人は、自分の知恵に信頼するのではなく、へりくだってみことばから学ぼうとする人です。「評判の良い人」とは、クリスチャンとしての証しを立てている人のことです。その人は、教会の中だけではなく、家庭や仕事場、そして近所でも裏表がなく、信頼されている人です。

もちろん役員になるには完璧な人でなければならない、ということはありません。いや、完璧な人など、この世には存在しません。使徒パウロでさえ、自分は罪人のかしらであると語っています。大切なことは、神様と人の前でへりくだっていることと、自分の力ではなく、神様とその言葉に信頼していることです。

十二人の弟子を選ばれたイエス・キリストがまずしたことは、彼らの訓練でした。現代の教会の役員も同様です。はじめて役員として選ばれた瞬間から、その職務を全うできる人はいません。みことばの学びとともに、教会生活における他者との関係性の中で愛と寛容と忍耐を学び、訓練されることによって、よりふさわしい役員として神様が成長させてくださいます。

役員の働きには大きな責任が伴います。時間や労力も必要とされますので、中には自分にはできないと考える人もいるでしょう。また、役員の持つべき資質を聖書から学び、自分はふさわしくないと感じる人もいるかもしれません。しかし、神様は不可能を可能に変えてくださるお方です。ですから、推薦や選挙で声がかけられたときには、すぐに辞退することを考えるのではなく、まず祈り、そして牧師に相談しましょう。役員会の中には、さまざまな働きがありますので、はじめは比較的荷の軽い働きを担当することも可能かもしれません。

多くの場合、役員の選出は推薦や選挙によってなされます。役員の選出は、人気度や個人的な好き嫌いによって左右されるべきではなく、クリスチャンとしてのふさわしさが吟味されるべきです。そのためには、まず教会全体が役員の働きの内容や、持つべき資質をよく理解していることが重要です。選挙によって役員を選ぶ教会では、何十年も教会に通っている人にも、また最近新しく教会員になった人にも、平等にひとり一票が与えられますので、役員の働きに関する学びは定期的に教会全体で持たれるべきでしょう。

また役員の選びと任命には、背後に神様が働いておられることを確信すべきです。ですから、推薦であっても、選挙であっても、役員が選ばれた時には、教会全体がそれを喜び、一致して承認することが大切です。さらに教会員は、牧師のために祈るように、役員のためにも日々祈るべきです。

教会の建物
～立派なものであるべき？～

私たちが日常会話の中で使う「教会」という言葉は、「礼拝をする建物」を指す場合がほとんどだと思います。しかし新約聖書の時代には、教会という特別な建物は存在しませんでした。「シナゴーグ」と呼ばれるユダヤ人の会堂に集まることもありましたが、当時のクリスチャンの多くは、信者の家に集まって礼拝をささげていました。礼拝の時間になると、普段は食事をしたり、作業をしたりする部屋を整え、礼拝の場所としていたのです。家の事情や、集まる人数に合わせて場所が変わることも多かったことでしょう。実際、新約聖書に登場する「教会」という言葉は、ギリシア語の「エクレシア」の訳で、それは建物ではなく「人の集まり」を指します。

二一世紀の今、建物としての教会にはいろいろな形態があります。新約聖書の時代のような家の教会もありますし、建物やビルの一室を借りて礼拝堂としている教会もあります。もちろん自前の立派な会堂を持つ教会もあります。そしてそれぞれにメリット（利点）とデメリット（欠点）があります。

家の教会の最大のメリットは、その利便性かもしれません。誰かが自分の家の一室を礼拝堂として提供しさえすれば、そして礼拝者がそこに集まれば、その週からでも礼拝を始めることができます。そこを正式な「教会」と呼ぶかどうかは、所属する教団のポリシー等によっても異なりますが、新たな教会開拓にはもってこいの形態です。一方デメリットは、やはりそのサイズです。大豪邸であれば別ですが、一般的な家であれば、部屋に十五人も入ればいっぱいになってしまいます。

建物やビルの一室を借りる場合はどうでしょうか。そこにあるメリットもやはり利便性です。集まる人数や集会の形態に合わせて、建物の場所や大きさを随時変更することができます。また、土地、建物すべてを購入することと比べれば、出費はかなり抑えられますので経済的というメリットもあると言えるでしょう。米国などでは大規模な教会でも、あえて自前の礼拝堂を持たず、浮いた出費を積極的に伝道や教育、また地域活動のために充てるというポリシーをもつ教会も多数存在します。デメリットとしては、特に日本では宗教活動を嫌がる貸主が多いことや、賃貸契約の打ち切りがあれば転居せざるを得ないことなどでしょう。

自前の礼拝堂を持つことの最大のメリットは、地域での存在感や信頼性かもしれません。賃貸の場合、既存の建物が使われますので、看板は出ていても、そこに教会があることに気づいてもらえないことがあります。しかし自前であれば、伝道の観点からも、礼拝堂らしい礼拝堂を建て、その存在を地域にアピールできます。さらに加えて、「地元にしっかりと根を張った教会」として、地域の人により信頼してもらえるでしょう。

デメリットには、礼拝者の人数が増えた場合の、移転や増改築の不便さを挙げることができます。しかし、最大のデメリットはやはり出費です。新たに土地を購入したり、また新たに礼拝堂を建てようとしたりする場合、その額は決して小さなものではありません。もちろんメンテナンスの費用もかさみます。献金の大半をそこに充てざるを得ない教会もあるほどです。また長期にわたるローン返済が、教会の若い世代への大きな負担となることもあります。

こうしてみると、建物としての教会には、さまざまな形態があることがわかります。またそこに正解はなく、それぞれの教会の特徴や地域性、またミニストリーの方向性や信念によって決められていくものです。オンラインによる礼拝を実施する教会も増えている今、大切なのは人の集まり（エクレシア）としてのそれぞれの教会が、聖書を通して示される「ビジョン（目標）」に向かって一致して歩むことです（エペソ人への手紙4章3節）。

最後になりますが、私たちは時に教会の礼拝堂を、何か特別に「神聖な場所」かのように感じたり、またそのように扱ったりしてしまうことがあります。もちろんそこは礼拝の場所ですから、人々がメッセージや賛美に集中できるよう、敬意をもってきれいに保つことは大切です。しかし神様は、礼拝堂の中におられるわけではありません。たしかに旧約聖書の時代には、幕屋（移動テント）や神殿の中にご自身を置かれましたが、新約聖書以降の時代、神様は人の中に住んでくださいます。「神の御霊が自分のうちに住んでおられる」（コリント人への手紙第一3章16節）とパウロが語っているとおりです。ですから、礼拝堂を整えることも大切ですが、そこに集まる人々の心が「神様の居場所」としてふさわしく整えられることのほうがもっと重要なのです。

教会のご近所付き合い

～良き「隣人」となるために～

山の中の一軒家に住んでいる人は別ですが、私たちの自宅はほとんどの場合、ご近所さんに囲まれています。住んでいる地域や建物によっては、ご近所付き合いがまったくないこともありますが、町内会の回覧板や持ち回りの世話人といった、ご近所との深い関わりがある場合もあります。

新しく引っ越しを考えるときは、事前に下見に行き、ご近所の様子（ゴミ出しの様子や清掃、不審な家の有無等）をチェックすることや、引っ越しの際にはご近所にあいさつに行き、良好な関係を築く努力をすることは常識となっていますね。

私たちの教会も同様に、ご近所さんに囲まれています。教会はご近所さんとどのような関係性を築くべきでしょうか。まずは、ご近所さんの気持ちになて考えてみましょう。

ある日、自宅の目の前の空き地で建設工事が始まりました。あまり耳馴染みのない宗教の建物が建てられているようです。完成すると、毎週決まった曜日に人々が集まって集会を開いているようです。建物の中からは、歌も聞こえてきます。もし私たちがご近所さんだったら、きっと不安になるでしょう。

幸い、日本社会におけるキリスト教のイメージはさほど悪くはありませんが、であっても、やはりご近所さんの中には不安があるでしょう。そう考えれば、そのような不安を払拭してもらい、良好な関係を築く上でも、教会はご近所さんからの評判を大いに気にすべきです。もちろんクリスチャンにとって最も大切なのは、神様からの評価です。イエス・キリストはパリサイ人について、「彼らは、神からの栄誉よりも、人からの栄誉を愛した」（ヨハネの福音書12章43節）と言って叱責されました。

しかし一方で、ご近所からの評判の大切さについても聖書は語っています。テモテへの手紙第一には、教会のリーダーに関する教えがありますが、リーダーは「教会の外の人々にも評判の良い人でなければなりません」（3章7節）

と書かれています。ローマの百人隊長でありながら、ペテロを通して救われたコルネリウスは、「ユダヤの民全体に評判が良い」（使徒の働き10章22節）人でした。また一時的に目が見えなくなったサウロ（後の伝道者パウロ）は、アナニアという「そこに住んでいるすべてのユダヤ人たちに評判の良い」（使徒の働き22章12節）クリスチャンに助けられました。クリスチャンはそれぞれの自宅でも、また教会でも、ご近所から良い評判を得ることが大切であることがわかります。

初代の教会は、「民全体から好意を持たれていた。主は毎日、救われる人々を加えて一つにしてくださった」（使徒の働き2章47節）とあります。伝道という観点からも、ご近所から好意を持たれることが重要であることがわかります。では、教会には何ができるでしょうか。近年は福祉事業等に乗り出す教会が増えており、それは大きな社会貢献となります。しかし残念ながらすべての教会に、そのような事業を始める財源や人材があるわけではありません。「教会と社会貢献」といった大上段に構えたアプローチも良いですが、私たちの教会に今できることは何かを考えることが大切でしょう。原則となる聖書の言葉は、「人からしてもらいたいことは何でも、あなたがたも同じように人にしなさい」（マタイの福音書7章12節）です。

ご近所付き合いの基本はあいさつです。教会堂に出入りする際、いつも見かけるご近所さんがいたら、微笑んで会釈をする。あちらも会釈をしてくださるようになったら、「おはようございます」「こんにちは」と声を出してもよいでしょう。掃除も基本です。まずは、教会の前の道をホウキで掃いてきれいにしましょう。しばらくしたら、その範囲をお隣さんまで少し広げましょう。もちろんゴミが落ちていたら、ちょっと離れていても拾って捨てるとよいでしょう。これみよがしにするのではなく、誰も見ていなくても続けることが大切です。

教会員が地域のボランティア活動に参加することもできます。教会主催の活動を始めるのもよいですが、できれば地域ですでに始まっている活動に参加するのがよいでしょう。ＰＴＡや町内会の役員といった、人があまりやりたがらない役割を引き受けることもできるかもしれません。（町内会の催しには、時に宗教が関わることもありますので注意が必要です。）

まずは、教会の皆さんで何ができるか話し合ってみましょう。教会内に「アナニア会」「コルネリウス会」といった地域ボランティア・サークルを作って、楽しく活動ができたら素晴らしいですね。

「ローマは一日にして成らず」と言いますが、良い評判も時間をかけ、コツコツと築いていくものです。

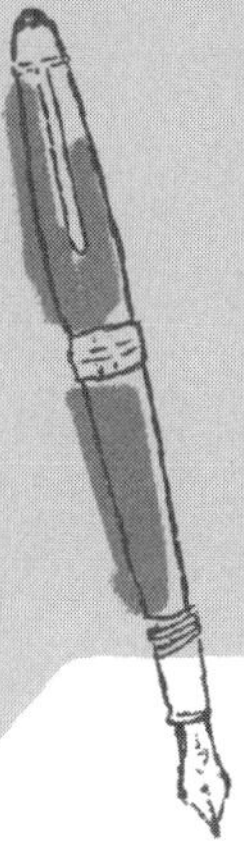

Nichijo no Shingaku

信仰生活編

ディボーション
～愛の関係を築くために～

教会で時々、「ディボーション」という言葉を耳にすることがあるかもしれません。英和辞書には、「献身的愛情」「宗教的情熱」「個人の勤行《ごんぎょう》」「祈り」などとありますが、クリスチャンの間では、朝起きてすぐや、寝る直前に聖書を開き、祈り、時には賛美する、ひとりだけの時間を指す言葉として用いられることが一般的です。

聖書の中にも、さまざまな「ディボーション」の場面が登場します。特にイエス・キリストは、ことあるごとに「ディボーション」を行っておられました。

「さて、イエスは朝早く、まだ暗いうちに起きて寂しいところに出かけて行き、そこで祈っておられた。」

（マルコの福音書1章35節）

「イエスご自身は寂しいところに退いて祈っておられた。」

（ルカの福音書5章16節）

十字架につけられる直前にも、ゲッセマネの園で弟子たちから少し離れたところに行き、「ひれ伏して祈られた」（マタイの福音書26章39節）とあります。イエス・キリストは「神の御子」ですが、地上においては「ディボーション」を必要とされたのです。私たちクリスチャンもまた「ディボーション」を必要とします。それはなぜでしょうか？

第一の理由は、私たちの神様が「愛」なる神様だからです。神様は私たちを愛してくださっています。それは十字架の犠牲をともなうほどの深い、そして完全な愛です。神様はまた、私たちから愛されることを望んでおられます。

「あなたは心を尽くし、いのちを尽くし、知性を尽くして、あなたの神、主を愛しなさい。」

（マタイの福音書22章37節）

神様が私たちを愛し、私たちが神様を愛する。これはまさに愛の関係性です。では罪深く、欠けだらけの私たちが、どのようにしたら神様との間に、より良い愛の関係性を築くことができるでしょうか。

たとえば恋人同士の愛の関係性は、相手を知り、相手と継続してコミュニケーションをとり、親密な関係を持ち続けることによって深まっていくものです。確かに「一目惚《ひとめぼ》れ」もありますが、それは愛の関係性の入り口にすぎません。神様との愛の関係性も同様です。神様への信仰を告白してクリスチャンとなり、その後は聖書を通して神様の言葉に聞き、祈りを通して神様と話すことによって、親密な関係性を育むのです。「ディボーション」とはすなわち、神様との愛の関係を日々深めていく作業なのです。だから「ディボーション」はクリスチャンに必要不可欠なのですね。

第二の理由は、私たちの神様が「主」なる神様だからです。神様は全知全能なお方で、人間も含めた全世界を、愛をもって支配しておられます。もちろん主なる神様は、私たち一人一人のこともよくご存じです。私たちは「何を食べよう？」「何を飲もう？」「何を着よう？」と日々心配します。本来は必要でなかったり、時には、私たちに害を及ぼしたりするものを欲してしまうこともあります。しかし私たちのすべての、そして本当の必要を神様はご存じです（マタイの福音書6章31～32節）。

なぜなら、神様は私たちの「主」だからです。私たちが仕事をするとき、そこには必ず仕えるべき相手がいます。それはお客さんだったり、上司や同僚だったりしますが、たとえ相手が誰であっても、相手の求めに応えることによって仕事、すなわち「仕える事」は成り立ちます。相手を無視し、同時に相手に仕えることはできません。神様との関係性も同様です。私たちの神様が私たちの「主」であるなら、そのお方のことをよく知ること抜きにして、仕えることはできません。「ディボーション」とはすなわち、神様の声とその求めに、日々真摯《しんし》に耳を傾ける作業なのです。だから「ディボーション」はクリスチャンに必要不可欠なのですね。

本来「ディボーション」は、「しなくてはならない！」という義務感からではなく、「神様の声を聴きたい！」「神様と話したい！」という心の求めからなされるべきです。しかし、「ディボーション」の良い習慣を身につけるまでは、多少のがんばりは必要かもしれません。牧師が薦めるディボーションガイドを用いるのも良い助けとなります。「ディボーション」の中心はみことばと祈りですから、それ以外のこと、たとえば時間や場所は、それぞれのクリスチャンが決めればよいことです。

しかし、イエス・キリストもしておられたような早朝の「ディボーション」はお薦めです。神様の愛で満たされて一日を始めることは本当に幸いであり、充実した毎日の鍵であると思います。「ディボーション」は「教会での礼拝」と並んで、すべてのクリスチャンにとって、必要不可欠な信仰の要素と言えるでしょう。

家庭礼拝
～教会の礼拝とどう違うの？～

「家族」とは、夫婦や親子、きょうだいといった関係性を指す言葉です。エペソ人への手紙2章19節には「こういうわけで、あなたがたは、もはや他国人でも寄留者でもなく、聖徒たちと同じ国の民であり、神の家族なのです」とあります。クリスチャンとは、人種や国籍の壁を超え、神様を中心として家族のようにつながっている素晴らしい関係性であるということになりますね。

一方「家庭」は、共に暮らす家族によって築かれる共同体を意味します。たとえば、家族の誰かが結婚して家を出るとき、「新しい家庭を築く」と表現されます。ですから「家庭礼拝」とは、生活の場を共有する家族（時には共に生活する家族以外の人も含みます）を中心にささげられる礼拝ということになります。

新約聖書の時代の教会の多くは「家庭礼拝」から始まり、そこに多くの人が加えられていく形で大きくなっていきました。「家庭礼拝」は「教会礼拝」の原型のようなものと言えるかもしれません。また「家庭礼拝」には実に多くのメリットがあります。では、それらを見ていきましょう。

「家庭礼拝」は、個々のクリスチャンを励まします。聖書の中で神様は、ヨナタンとの親しい交わりを通してダビデを、またアキラとプリスキラとの信仰の交わりを通してパウロを励ましてくださいました。もちろん神様は「個人礼拝」（ディボーション）を通しても私たちを励ましてくださるお方ですが、教会に集まることのない週の半ばの「家庭礼拝」を用い、そこにある交わりを通して私たちを励ましてくださいます。

「家庭礼拝」は家庭内の絆を強めます。共に生活していても仕事や勉強で忙しく、すれ違うことが多いのが現代社会です。食事の時間も別々であったり、一緒であってもテレビがその中心となってしまったりする中で、共に聖書を読み、祈る「家庭礼拝」は、一人ひとりが神様と、そしてお互いと親しく向き合う特別な時間です。互いの喜びや苦悩を分かち合うことで、家庭内の絆が強まっていきます。

「家庭礼拝」は、信仰のお手本となります。大人が子どもたちに信仰の模範を示すことは、教会の課題であるのと同時に各家庭の課題でもあります。親が子どもに聖書や信仰について教えるだけではなく、子どもの言葉に注意深く耳を傾け、時には自らの弱さを告白し、神様の前では親も子も同様の罪人であり、神様の憐れみを必要とすることを分かち合う中で、子どもは親を「クリスチャンの模範」として、より現実的に見ることができるようになります。

「家庭礼拝」は、信仰の成長に役立ちます。日々のクリスチャンの生活には、さまざまな困難が伴います。教会では分かち合うことに気が引けてしまうようなことでも、家庭において正直に、また遠慮なしに話し合われ、聖書から学び、そして祈り合うとき、そこにクリスチャンとしての成長の機会が与えられるのです。

もちろん「家庭礼拝」が困難となる事情もあります。日本はクリスチャン人口の少ない国ですから、家庭の中でクリスチャンはひとりだけという場合も多いでしょう。そのような場合には、「個人礼拝」（ディボーション）が中心となるかと思いますが、家族の理解があれば皆に声をかけ、伝道的な要素を持つ

「家庭礼拝」を実施することも可能かもしれませんね。またクリスチャンではない家族にそれぞれの祈りのリクエストを挙げてもらい、それを「個人礼拝」の中で祈ることもできます。

「家庭礼拝」に多くの決まり事は必要ありません。聖書を開き、共に祈りの課題を出し合って祈ることが基本ですが、賛美がそこに加わるとさらに良いでしょう。もちろん、頻度や時間帯にも縛りはありません。毎日でも、また週に一回でも大丈夫です。早朝や就寝前、また食前や食後の時間に行ってもＯＫです。大切なのは、集まる人それぞれの事情に合わせ、同意された時に行うことです。

「家庭礼拝」を習慣化することは良いことですが、決まり事が先行してしまうと、集まることが苦になってしまいます。特に、小さい子どもがいる場合、「家庭礼拝は楽しい」と感じてもらう工夫も必要です。思春期の子どもがいる場合、彼らが一時的に「家庭礼拝」から離れてしまうこともあるかもしれません。しかし「家庭礼拝」を継続し、その子どものために祈り続けていれば、必ず神様はその場に戻してくださると思います。

「日曜礼拝」もそうですが、「家庭礼拝」は決して徳を積むための修行の場ではありません。愛のある集まり。喜びと慰めのある交わり。それらが「家庭礼拝」のモットーとなるべきです。そのためには、「家庭礼拝」は愛なる神様を礼拝し、そして愛をもって互いと向き合う時であることを忘れないことが大切です。

家族伝道

～最も困難な伝道相手!?～

家族に対して福音を伝えることを「家族伝道」と呼びます。家族伝道は、さまざまな伝道の中で最も困難な伝道のひとつであるとも言われています。なぜでしょうか。それは未信者である家族が、普段の不完全な私（イライラ・プンプン・オドオド・メソメソする私）を日々見て知っており、「クリスチャンも、自分とあまり変わらないじゃん！」と感じるからかもしれません。

クリスチャンはイエス・キリストを信じて救われ、永遠のいのちを得ますが、決して完璧な人間になるわけではありません。天国に入るまでは罪深い存在のままです。では、どうしたらそんな不完全な私たちが、家族に伝道することができるのでしょうか。

郵便はがき

恐縮ですが
切手を
おはりください

164-0001

東京都中野区中野 2-1-5

いのちのことば社

出版部行

ホームページアドレス　https://www.wlpm.or.jp/

お名前	フリガナ	性別	年齢	ご職業
ご住所	〒	Tel.　　　(　　　)		

所属(教団)教会名	牧師　伝道師　役員 神学生　CS教師　信徒　求道中 その他 該当の欄を○で囲んで下さい。

WEBで簡単「愛読者フォーム」はこちらから!

https://www.wlpm.or.jp/pub/rd

簡単な入力で書籍へのご感想を投稿いただけます。

新刊・イベント情報を受け取れる、メールマガジンのご登録もしていただけます!

ご記入いただきました情報は、貴重なご意見として、主に今後の出版計画の参考にさせていただきます。その他、「いのちのことば社個人情報保護方針（https://www.wlpm.or.jp/about/privacy_p/）」に基づく範囲内で、各案内の発送などに利用させていただくことがあります。

いのちのことば社＊愛読者カード

本書をお買い上げいただき、ありがとうございました。
今後の出版企画の参考にさせていただきますので、
お手数ですが、ご記入の上、ご投函をお願いいたします。

書名	

お買い上げの書店名

町
市　　　　　　　　　　　　　　　書店

この本を何でお知りになりましたか。

1. 広告　いのちのことば、百万人の福音、クリスチャン新聞、成長、マナ、信徒の友、キリスト新聞、その他（　　　　　　　）
2. 書店で見て　3. 小社ホームページを見て　4. SNS（　　　　　）
5. 図書目録、パンフレットを見て　6. 人にすすめられて
7. 書評を見て（　　　　　　　）　8. プレゼントされた
9. その他（　　　　　　　）

この本についてのご感想。今後の小社出版物についてのご希望。

◆小社ホームページ、各種広告媒体などでご意見を匿名にて掲載させていただく場合がございます。

◆愛読者カードをお送り下さったことは（　ある　初めて　）
ご協力を感謝いたします。

聖書には「みことば」を伝えることの大切さが、くりかえし語られています。

「みことばを宣《の》べ伝えなさい。時が良くても悪くてもしっかりやりなさい。」

（テモテへの手紙第二4章2節）

家族伝道も同じです。臆病にならず、「みことば」をしっかり伝えることが大切です。しかしそれは、みことばを呪文のように唱え続けるということではありません。事あるごとに聖書を開いて読み聞かせる、ということでもありません。しっかりやるとは、まずは「みことば」を、身をもって伝えるということだと思います。私たちが救われたとき、強く心を打ったのは、ご自分を十字架の上で犠牲にしてまで、身をもって表してくださったイエス・キリストの「愛の姿」でしたね。聖書に書かれているその同じ愛を、私たちが身をもって家族に伝えることが、家族伝道の鍵となります。では、家族の中で表すことのできる神様の愛の特徴をいくつか見ていきましょう。

まず第一は、「条件を付けずに愛する」ということです。神様は人間を、一方的な恵みによって愛してくださいました（ローマ人への手紙3章24節）。しかし人間は、条件を付けずに人を愛することがなかなかできません。自分では気がついていなくても、知らず知らずのうちに条件が付いてしまいます。愛してくれるから、一所懸命やってくれているから、がんばっているから愛する……といった具合です。たとえこちらが「愛されている」とあまり感じなくとも相手を愛する、家族の一所懸命がんばる姿が見えなくても愛を伝えることが大切です。

第二は、「赦す」ということです。何回まで人を赦すべきですかというペテロの質問に対して、イエス・キリストは、「七回を七十倍するまで」（マタイの福音書18章22節）と語られました。人を赦すことは、最も崇高な愛の形かもしれません。赦すということは、相手から自分に何かしらの危害が加えられたことが前提となっているからです。家族だからこそ赦せないと感じることもあるかもしれません。でも、それでも赦すということです。そして赦すからには、相手も「赦された！」と感じる必要があります。

第三は、「コントロールしようとしない」です。聖書に出てくる放蕩息子のたとえ話は、父なる神様の愛を表す物語ですが、放蕩息子の父は、家から離れて行こうとする息子に財産の分け前を差し出し、彼の後ろ姿を見送りました

（ルカの福音書15章12節）。神様は人間の手をねじり上げ、無理矢理従わせようとはされません。慈愛に満ちあふれた目をもって、私たちを見守り、帰ってくれば喜んで迎え入れてくださいます。家族とは言っても、そこにいるのは別の人格を持つ人間です。ひとりの人として相手の意思を尊重することも、ひとつの愛の形です。

第四は、「わかりやすく愛情を表現する」です。イエス・キリストは大勢の人々の前で病気の人を癒やし、優しい言葉をかけられました。イエス・キリストが処刑されたゴルゴタの丘の上の十字架も、誰もが見える場所にありました。決して「これみよがし」ということではありません。それは、多くの人にご自身の愛をわかりやすく伝えるためでした。

「家族であれば愛しているのはあたり前。だからあえて言葉で伝える必要はない」と考える人も多いかもしれません。しかし愛は、相手に伝わってはじめて愛として結実します。心の中で「愛している」と思っているだけでは、自己満足でしかありません。もちろん一日中「愛してる」と言い続ける必要はありませんが、「家族は私に愛されていると感じているかなあ」「どうしたらそう感じてくれるかなあ」と真剣に悩むこと自体も愛の姿です。不完全な自分だからダメとあきらめずに、また逆に、「もうできている！」と安心せずに、あらためてチェックし、トライしてみましょう。

ヨハネの手紙第一４章８節には、「愛のない者は神を知りません。神は愛だからです」とあります。私たちの家族は、私たちの愛ある姿の向こうに神様を見いだし、その神様を礼拝する教会に惹かれていくのです。

結婚

～めでたし、めでたし……その先は？～

結婚は教会の中で、最も喜ばしい出来事の一つですね。二人の人が巡り合い、愛し合い、神様と人の前で誓い合い、そして新しい家庭を築いていく。愛し合う二人にとって、そして教会にとって、結婚は神様の恵みであり祝福です。

クリスチャンが結婚へと至る経緯、すなわち神様の導きや出会いにはさまざまな形があります。聖書の中には、マリアとヨセフのような許婚《いいなずけ》同士の結婚もあれば、モルデカイがエステルとクセルクセス王を引き合わせたような第三者の橋渡しによる結婚、またヤコブとラケルのような一目惚れからの契約結婚もあります。

これらの物語も含め、旧約聖書にも新約聖書にも、当時の文化や風習の影響を受けた、現代ではちょっと考えられないような出会いの形が登場します。大切なのは、どのように出会うかより、出会った後、どう二人で歩んでいくかだと言えるでしょう。

結婚はいつも、その時の社会や文化の影響を受けますが、現代の教会も同様です。たとえば日本の教会では、結婚式の前に婚約式をしますが、これは欧米の教会ではそれほど一般的ではありません。多くの場合、プロポーズがうまくいった時点で二人の間で婚約が成立します。その後は結婚式の前に友人たちで集まって、独身最後のパーティーなどをします。

一方、日本には昔から結納の文化があり、結婚前に互いの家族が顔合わせを行います。日本の教会で行われる婚約式はとても良い習慣だと思いますが、もしかすると結納の代わりという文化的意味合いも、そこにあるかもしれません。

結婚の準備と聞くと、多くの人は新居の確保や結婚式の計画をすぐに連想するでしょう。しかし最も大切なのは、関係性の準備です。「そして二人は結婚し、ずっとずっと幸せに暮らしました。めでたし、めでたし！」となればありがたいのですが、そうは問屋が卸《おろ》しません。残念ながら問題のない結婚は、この世にありません。たとえクリスチャン同士であっても、そこにはさまざまな困難や心配事が存在します。他人同士が一緒になるわけですから、それは当然のことと言えるでしょう。聖書の中のどの結婚を見ても、決して平穏無事ではなく、次から次へと危機が訪れています。

結婚の最も大切な準備とは、さまざまな試練を乗り越えていくことができる関係性を築くことであり、またそのためのスキルを身に付けておくことにほかなりません。相手を理解することも大切ですが、まずは自分自身と向き合うことが先決です。

私はどんな時に悲しくなったり寂しくなったりするか？　どんなことが引き金となって、怒りを感じるか？　また、そのような感情はなぜ湧き上がってくるのか？　そしてそれらは自分の中できちんと解決されているか？——このような問いかけは必須です。しかし、たったひとりで自分と向き合うのはとても困難なことですので、他者の助けが必要です。結婚が決まったら、必ずカウンセリングを受け、このような問いと格闘しましょう。

世の中には、「結婚＝幸せ」という的外れなメッセージがあふれています。しかしクリスチャンが結婚するのは、決して幸せになるためではありません。欠けだらけの人間が、神様の憐れみと恵みで結び合わされ、罪だらけの世の中で、その欠けを補い合いながら神様を見上げて生きていくためです。「互いへの愛があれば何でも乗り越えられる」というこの世の言葉もまた幻想にしかすぎません。

たしかに愛は多くの罪をおおいますが、それでも人間の愛は涸《か》れていきます。必要なのは、涸れることのないイエス・キリストの愛の泉から愛を汲み、その愛で相手を愛することであり、その愛で相手に仕えることです（ヨハネの福音書13章34節、ペテロの手紙第一4章8〜10節）。結婚の相手がクリスチャンでなくとも全く同じです。

冒頭に「結婚は神様の恵みであり祝福です」と書きましたが、クリスチャンが独身として生きることもまた神様の恵みであり祝福です。「独身」という言葉は、独り身《ひとみ》と書きますが、独身クリスチャンは、決して孤独ではありません。神様によって親やきょうだいという家族が与えられ、教会を通してクリスチャン同士の豊かな交わりも与えられています。もちろん何より、神様が私たちといつも共にいてくださいます。

パウロは、独身クリスチャンは、男性であろうと女性であろうと「この世のこと」より「主のことに心を配る」（コリント人への手紙第一7章32〜34節）ことができると語っています。つまり独身クリスチャンには、神様をより信頼することができるという素晴らしい恵み、そして祝福が与えられるのです。これは本当に喜ばしいことですね。

働くこと
～人間の重要な役割とは？～

人生の非常に大きな部分を占める「働くこと」について、クリスチャンはどう考えるべきでしょうか。聖書を見ると、人類の始まりの時から人間には「働くこと」が求められていたことがわかります。創世記1章27節で神様は人間を造られますが、直後の28節では、人間に以下のような命令を与えています。

「生めよ。増えよ。地に満ちよ。地を従えよ。海の魚、空の鳥、地の上を這うすべての生き物を支配せよ。」

そこにある二つの「働き」は、子孫を増やすことと、地上を管理することでした。その後、食べてはいけないと言われていた「善悪の知識の木」の実を食べることを通して神様を裏切ってしまった人間は、エデンの園から追放されましたが、「働くこと」は、人間の重要な役割として今も続いています。

ではクリスチャンが「働く目的」について考えてみましょう。テサロニケ人への手紙第二3章12節でパウロはこう言っています。「落ち着いて仕事をし、自分で得たパンを食べなさい。」加えてテモテへの手紙第一5章8節でパウロは、「親族、特に自分の家族」のために働いて世話をすることの大切さも語っています。さらに、このようにも命じています。「困っている人に分け与えるため、自分の手で正しい仕事をし、労苦して働きなさい」（エペソ人への手紙4章28節）。

これら三つの聖書箇所は、パウロの時代の教会の一部にあった、怠惰や不正に対する戒めとして書かれているものですが、神様は人間が、自分自身と家族のために、そして必要のある他者のために「働くこと」を求めておられることがわかります。

「働く目的」はまだあります。先に紹介した創世記1章28節に記されている「地上を管理する働き」は、今も継続してクリスチャンに求められているものです。現代ふうに言い換えるなら地球環境《エコロジー》のための働きかもしれません。特に二一世紀においては、人間のエゴによって破壊された環境を修復することや、今ある良い環境を継続させることも、大切な「働く目的」のひとつと言えるでしょう。

しかしクリスチャンにとって最も大切な目的は、コリント人への手紙第一10章31節の、「何をするにも、すべて神の栄光を現すためにしなさい」という言葉に集約されるかもしれません。クリスチャンが「働く目的」、それは神様に喜ばれ、また周りの人たちに「神様は素晴らしいなあ」と思ってもらうためであるということになります。

では、どのような「働き方」が、神様の栄光を現すことにつながるでしょうか。現代社会において「働くこと＝個人が労働を通して賃金を手にいれること」と考えられてしまうことが多いと思います。しかし聖書の語る「働き」にそのような制限はありません。クリスチャン同士が協力・分担してさまざまな必要を担い合うことも、神様に喜ばれる「働き方」の一例です。

実際、新約聖書の時代の教会は、そのようにして成り立っていました。たとえば、家族を養うために賃金を得る人と、家族を直接ケアする人、そして家族のために祈る人がチームとなって「働く」とき、皆が共に神様の目にかなう「働き方」をしているということになります。また、そこには年齢や身体機能の制限もありません。たとえ何歳であっても、たとえどのようなハンディキャップがあっても、神様に喜ばれる「働き」をすることができるのです。もちろん、定期的にしっかり休むこと（レビ記23章）も「働くこと」の一部です。

では、「働き」の種類（職種）に関してはどうでしょうか。プロテスタントのキリスト教には「働くこと」を神様からの「召し」（導き）として受け取る伝統があります。どのような「働き」であっても、神様に導かれてそれに従事することと、その「働き」を通して神様の栄光を現すことが重要であり、「働き」の種類に優劣はないという考え方です。

職業の選択は、特に若いクリスチャンにとって、とても重大な課題です。自分が何をしたいか、自分は何に向いているかを考えることも大切ですが、聖書を開き、祈りつつ神様の導きを求めることと、その「働き」を通して、どう神様の栄光を現すことができるかについて考えることがより大切になります。またクリスチャンは職業によってではなく、神様との関係によってその真価が問われるということを覚えておくことも同様に大切ですね。

現代社会において、「働くこと」はより多様に、そしてより複雑になってきています。従来の肉体労働や頭脳労働に加え、近年は感情労働（神経をすり減らす仕事）という言葉も聞かれるようになってきました。教会全体が、互いの「働き」を知り、それらに理解を示し、その「働き」のために共に祈り合うことが求められています。

子育てと教会
～子どもを育てるのは親だけ？～

子育てにまつわる英語の格言に、It takes a village. というものがあります。それは「子育てには村（共同体）が必要である」と訳すことができます。

新約聖書の「使徒の働き」にも、以下のような記述があります。

「滞在期間が終わると、私たちはそこを出て、また旅を続けた。彼らはみな、妻や子どもたちと一緒に町の外まで私たちを送りに来た。そして海岸でひざまずいて祈ってから、互いに別れを告げた。私たちは船に乗り込み、彼らは自分の家に帰って行った。」

（使徒の働き21章5～6節）

伝道旅行を続けていたパウロの一行が、ツロの街から船で旅立とうとするとき、その町の教会のクリスチャンたちが家族総出で見送りをし、海岸で共に祈り、パウロと今生の別れをしたという場面です。もちろんその中には、パウロの旅立ちという状況をよく理解できない小さな子どもたちもいたことでしょう。しかし大人たち皆と一緒に海岸に行き、ひざまずいて涙し、とりなしの祈りを捧げたことは、きっと子どもたちの心に深く刻まれたことでしょう。ツロの教会のクリスチャンたちは、子どもも含めた信仰共同体のありかたをよく理解していたのですね。

旧約聖書にも、子育てにおける信仰共同体の大切な役割について語られている箇所が多くあります。特に申命記には、「子ども」という言葉が二十回近く登場します。「男も女も子どもも」一緒に律法の言葉を聞くように（31章12〜13節）という戒めや、「心を尽くし、いのちを尽くし、力を尽くして、あなたの神、主を愛しなさい」という教えを「子どもたちによく教え込みなさい」（6章6〜7節）という命令などが書かれています。

特に、この「教え込みなさい」という言葉の後には、そのために用いるべき方法についても記されています。「あなたが家で座っているときも道を歩くときも、寝るときも起きるときも、これを彼らに語りなさい」とあります。これは、耳にタコができるほど一日中言って聞かせなさいということではなく、生活のさまざまな場面において、大人が子どもたちに寄り添いつつ、熱心に働きかけることが大切であるという教えです。またそれは、イスラエルという信仰共同体全体への命令でもあります。

現代の日本では、少子高齢化や核家族化、さらには地域の人間関係の希薄化などによる、子育て中の親（特に母親）の孤立が大きな社会問題となっています。育児への不安感や負担感の増大が起こり、精神的に追い詰められてしまう親も多くいると言われています。そのような社会背景の中で、教会にできることは何かあるでしょうか。

近年は子育て支援活動に熱心な地方自治体が増えています。多くの場合、そのためのボランティア募集も行っています。教会のベテランお母さんやお父さんが声を掛け合い、可能な範囲でそのような活動に参加することができるかもしれません。もちろん伝道活動は控えなくてはなりませんが、教会に属すると同時に、地域社会にも属する者の責任を果たすことになるだけではなく、きっとクリスチャンとしての良い証しにつながっていくでしょう。子育て支援に関する取り組みについてある程度の専門的な知識を持つ教会員の方がおられれば、教会という場所を用い、近隣住民に向けたそのような働きかけをすることもできるかもしれません。その場合は、やはり地方自治体とある程度連携することが望ましいと言えます。

もちろん教会員を対象にした、教会の子育て支援の働きも重要です。まずは聖書に教えられているように、子育ては信仰共同体としての教会全体の大切な役割であることを皆で確認し、共有することが大切です。その上で最初にできることは祈りです。教会の中の子育て中のお母さんやお父さん、また家族の皆さんのために教会全体で祈りましょう。普段から子育てで忙しいお母さんやお父さんが、ゆっくり礼拝することができるような仕組みを作ることも大事な支援となります。さらに、元気に泣いたり遊んだりする赤ちゃんや子どもたちを、うるさがったり煙たがったりする雰囲気が教会の中にないことを確認することも大切ですね。

具体的な支援の内容は多様ですが、子育てをする親の個々の必要に合わせた支援が基本であると言えるでしょう。そこには精神的なサポートから時間的、物質的、経済的な手助けなどが含まれます。自分自身の経験に由来する「子育てはこうあるべき」といった意見や方法を押し付けるのではなく、共感する、理解する、寄り添うという態度が大切です。グループによる子育て支援体制をつくり、それぞれの賜物が生かされた活動ができれば素晴らしいですね。

信仰継承
～継承？　それとも伝授？～

信仰継承は、教会にとって最も大切な課題のひとつです。年齢が上の代から下の代へと信仰がつながっていくことで、はじめて教会として未来に向かって存在し続けることができるからです。

「継承」という言葉を辞書で引くと、「引き続いて受け継ぐこと」「上の代からのものを受け継ぐこと」等とあります。「受け継ぐ」わけですから、ある意味その責任を担うのは下の代ということになります。しかし、日本の教会の中で語られる信仰継承はほとんどの場合、上の代の責任として語られ、さらに下の代が教会から離れてしまったときには、上の代はそれに失敗したと受け止められます。

もしかすると多くの日本のクリスチャンの持つ感覚は、「信仰伝授」に近いのかもしれません。「伝授」とは「学問・宗教・芸道などの奥義を伝え授けること」という意味の言葉です。では、信仰とは「継承」するものでしょうか。それとも「伝授」するものでしょうか。

聖書を読むと、いずれの言葉も不的確であることがわかります。コリント人への手紙第一12章4節以降には、神様が人間に与えてくださる、さまざまな賜物が列挙されており、9節にはそこに「信仰」が加えられています。すなわち「信仰」とは、神様からの贈り物（賜物）であり、クリスチャンが世代間でやりとりする類いのものではないということになります。神様への信仰の有無は、神様ご自身が責任（または権利）を持っておられると言い換えることができるでしょう。

では、人間の側ですることは何もないのでしょうか。そうでもありません。聖書は、上の代のクリスチャンが下の代に対して果たすべき役割について多くを語っています。ルカの福音書10章27節には最も大切な聖書の教えのひとつとして、「心を尽くし、いのちを尽くし、力を尽くし、知性を尽くして、あなたの神、主を愛しなさい」と書かれています。これは申命記6章5節の引用ですが、直後の6節以降には、イスラエルの人々に対して、この教えをどのような時に、どのような方法を用いて子どもたち（下の代）に伝えるべきかに関する具体的な記述があります。

まず7節にはこう書かれています。

「これをあなたの子どもたちによく教え込みなさい。あなたが家で座っているときも道を歩くときも、寝るときも起きるときも、これを彼らに語りなさい。」

多くのクリスチャンはややもすると、毎週日曜日の教会学校での時間や礼拝の時間だけが、神様や信仰について子どもたちに伝える機会であると考えてしまいます。しかしこの箇所は、日々、そしてつねにそれをしなさいと教えています。もちろんそれは一日中しゃべり続けるということではなく、家庭も含めたさまざまな場所や機会を用い、時には言葉を、時には模範となる行動を、時には子どもたちの声に真摯に耳を傾けることなどを通して、彼らに寄り添いつつ、日々の生活のさまざまな場面の中で教えるということを意味しています。

また8節にはこうあります。

「これをしるしとして自分の手に結び付け、記章として額の上に置きなさい。」

ユダヤ教の一部には現在でも、「テフィリン」と呼ばれる、聖書の言葉の書かれた紙が入った小さな箱と、そこからつながる紐を額から腕へと巻きつけ、祈る習慣があります。そこには考えることや行うことにおいて、つねに神様に従順であることの大切さを身をもって感じるという意味があります。ここでも言葉だけではなく、さまざまな体験的な方法を用いた学びが強調されています。8節の冒頭には「これをしるしとして自分の手に結び付け」とありますが、子どもだけがそれをするのではなく、まずは大人が自ら率先してそれを行うことが求められています。

さらに9節には、「これをあなたの家の戸口の柱と門に書き記しなさい」と書かれています。「戸口」は家に出入りする時に必ず通る場所、「柱」は家を支えるために不可欠な部材です。そこに文字が書かれていれば、それを無視して生活することはできません。「主を愛する」という教えは、日々の生活の中心に置かれていなければならないということです。

神様はイスラエルの人々に、子どもたちを教え導く役割を重要な働きとして皆で共有するよう求めました。今日の教会でも同様です。上の世代から下の世代へと信仰をつなげていくには、子どもの親や教会学校の先生だけでなく、教会全体がその役割を担うという意識を持つことが重要です。また「信仰」が神様の賜物であるとは、教会の子どもたちが、最も相応しい時に信仰を持つことができるよう熱心に祈り求めつつ、あとは神様に委ねることでもあります。

家族関係
～親しき仲にも礼儀あり!?～

家族は、世の中にある最も親密な人間関係のひとつです。それは社会全体を下支えする、最小でありながら最重要のユニット（単位）です。一般的に家族とは血縁関係を指しますが、養子縁組によって家族になる場合も少なくありません。パウロは家族について、「天と地にあるすべての家族の、『家族』という呼び名の元である御父の前に祈ります」（エペソ人への手紙3章15節）と書いています。家族とは神様の創られた、とても重要な人間関係であるということですね。

家族の形は、その背景にある文化や時代の流れから大きな影響を受けます。たとえば日本の平均出産人数は、戦後まもなくは四人を超えていましたが、現在（二〇二二年）は一・四人を割り込んでいます。一九七五年の平均初婚年齢が二十五歳前後であったのに対し、今は三十歳前後となり、少子高齢化の一因になっているとも言われています。四十年前の夫婦共働き世帯数は、そうではない世帯の約半数でしたが、現在は逆転し、二倍以上となっています。

また以前の日本には、二世帯、三世帯同居があたり前の時代がありましたが、今は核家族が最も一般的な構成となっています。さらに母子世帯、父子世帯、夫婦のみ世帯、再婚世帯、国際結婚世帯、事実婚世帯等も増え、家族のありかたは非常に多様化しています。

家族の形は、もともと変化し続けるものでもあります。たとえば結婚してパートナーができ、子どもが与えられて子育てを始め、思春期になってギクシャクした空気が流れ、子どもが巣立ってふたりの生活に戻り、孫が産まれてまた家族が増え、最後にはパートナーが亡くなって一人になるといった変化です。家族は文化や時代の流れからも大きな影響を受けつつ変化していくものですから、地上に「完成形」はありません。神様によって家族が与えられていることに感謝しつつ、そこに起こる変化や課題とつねに建設的に向き合っていくことが、家族に与えられた使命であると言えるでしょう。

互いへの愛と信頼に基づいた家族関係は、安心できる居場所、心の港となります。時には嵐の時期もありますが、そのような家族の関係性の中で子どもは育まれ健全な大人になっていきます。しかし残念ながら例外もあります。たとえばそれは、暴力や言葉を用いた虐待があったり、果たすべき責任が果たされない放任があったり、逆に子どもの一挙手一投足に対して過剰に支配的であったり、さらには夫婦関係が破綻していたりする場合です。これらの問題があると、家庭は非常に不安定な場所となり、大きな痛みが発生します。特に成長途上の子どもの心は傷つきやすく、その傷は大人になってからもさまざまな問題（低い自己肯定感や不健全な人間関係）の発生源となることがあります。

そのような場合、ただ親を責めれば済むということはありません。なぜならその親自身も、問題の多い家族関係の中で生まれ育った可能性が高いからです。非常に残念ですが、現代社会の核家族化や人間関係の希薄化は今後も進み、経済格差なども相まって、心の傷を生み出す家族関係も増え続けることでしょう。

そのような社会背景の中で、信仰共同体である教会にはいったい何ができるでしょうか。まずは教会に集う人たちそれぞれの家族の大切さ、そして家族の形や果たすべき役割の多様性を皆で確認することが重要でしょう。聖書はイエス・キリストを中心とした信仰共同体を「神の家族」（エペソ人への手紙2章19節）と呼び、神様への信仰を持つ者同士の関係性も家族関係と同様であると教えていますが、どちらの家族のほうがより大切かといった議論は聖書的であるとは言えません。神様は、「天と地にあるすべての家族の、『家族』という呼び名の元である御父」（エペソ人への手紙3章15節）ですから、どちらの家族も大切なのです。

クリスチャンではない家族からの信仰生活に対する不理解や不寛容を経験している方に対しては、「教会をとるか家族をとるか」といった理不尽な選択を迫るのではなく、双方の家族を大切にすることのできる方策を時間をかけて一緒に考えるべきでしょう。もちろん、家族全員がクリスチャンであっても、そこに問題は発生します。そのような場合でも、「祈りが足りないからだ」「信仰に問題があるのではないか」といった裁きの言葉を口にするのではなく、まずはその家族のために祈り、愛の心で寄り添うという態度が大切です。

イエス・キリストは「あなたがたは世の光です」（マタイの福音書5章14節）とクリスチャンに対して言われましたが、世の光である教会は、この世の家族関係で傷ついた人たちの心が、「神の家族」の関係性の中で癒やされる場所であり、さらには家族の中に和解をもたらすという役割を担う場所です。互いに尊敬し、愛し合う家族関係を築くことができるよう、神様に切に祈り求めましょう。

思春期と成長
～「反抗期」と呼ばれてしまう大切な成長期～

神様に創造された人間には、人生の序盤に二度の飛躍的な成長期が訪れます。一度目は〇～四歳前後の期間、そして二度目は九～十四歳前後の期間です。個人差も大きいのですが、これらの時期には体から「成長ホルモン」が大量に分泌され、骨や筋肉の成長がもたらされます。二度目の成長期には「性ホルモン」も併せて分泌され、生殖機能に関わる成長も起こります。この二度目の成長期が、一般的に「思春期」と呼ばれる期間と重なります。

また一度目と二度目の成長期には、「反抗期」と呼ばれる期間も併存します。「反抗期」という名称が付くと、とてもネガティブな印象を受けますが、これらの時期に子どもは、親（時には先生のような身近な権威者）に反発することを通して、自立性と主体性の獲得を図ろうとします。それは、親に頼らなくては生きていけない状態から少しずつ抜け出していく、非常に重要な心の成長のプロセスであると言えるでしょう。

思春期はいつから始まり、いつ終わるのでしょうか。女の子の思春期の始まりは男の子より早く、八歳くらいから始まる子もいます。男の子の場合は十一歳くらいが平均でしょう。思春期は、ホルモンの大量分泌が終わった後も継続し、十八歳くらいまで続くと考えられています。

心の成長期でもある思春期は、周囲の環境から大きな影響を受けます。たとえば義務教育を終えてすぐに就職するような場合、環境的に早々に自立が促されますので、思春期の終わりが比較的早く訪れることがあります。一方、高校卒業後も親による子どもへの保護意識が強い場合、年齢的に成人してからも実質的な思春期が継続する場合もあります。言い方を変えると、思春期における自立には、子どもが親から自立するという面と、親が子どもを手放すという両側面があるということになるかもしれません。

では、なぜ思春期の成長には親や他の大人への反発が伴うのでしょうか。それは親の主張に逆らうことで、自分には自分の考えや思いがあることを自身で確認し、またそれを相手に示すことで、大人としての自分を認めてもらうことを望むからです。もちろん、一人で親や他の大人に反発するのは不安ですから、自分の居場所を求めて、人間関係の比重を親から同年代の友だちに移していきます。そして親の言うことより、彼らの意見により耳を傾けるようになります。

さらに反発の出方には個人差と多様性があります。尾崎豊の「十五の夜」という曲の歌詞に出てくる「盗んだバイクで走り出す」ような強い反発から、親に対して「少しもやもやする」といった、あまり表面化しない反発まで存在します。思春期の子どもを持つ親は、彼らを無理やり押さえつけようとしたり、いつまでも子ども扱いしたりするのではなく、子どもが成長しつつあることを認める必要があります。そしてある程度の自由と、そこに伴う責任についてしっかりと伝えた上で、大人になっていく子どもから少し距離をとって見守るという態度を持つことが大切であると考えられています。

クリスチャンの若者の場合、思春期は体と心の成長期間というだけではなく、信仰の成長期間でもあります。それは、親に催促されて教会に行く、牧師に促されたので祈るというような他者依存的な態度から、自分から、神様に礼拝をささげたい、聖書についてもっと深く学びたいという、より主体的な態度への変化を意味します。

この時期の信仰の成長を促す重要な二つの要素があります。それらは、教会に結びついている同年代の友だちの存在、そして主体的な信仰の決心の機会です。先ほども紹介したように、思春期の若者はその自立の過程で、人間関係の比重を親から同年代の友だちへと移し、所属の欲求を満たし、安心感を得ようとします。教会に仲の良い同年代の若者がいれば、自分の居場所がそこにあるという安心感を得、またその関係性の中で神様に関するより主体的な考察が生まれます。もちろん、友だちがいるから教会へ行くというだけでは、信仰の成長はまだ始まったばかりです。

その次に信仰の決心、言い換えれば個人として聖書の語る罪を認め、十字架の救いを求め、神様に愛されていることを確信するという神様との出会いが必要となります。もちろんそれは、神様のみが与えてくださる賜物であり（エペソ人への手紙2章8節）、第三者が決心を強要することはできません。しかし、神様と真剣に向き合うことのできる時と場所を用意することは可能です。それは教会や聖書とポジティブに向き合う同年代のクリスチャンの友だちとの交わりの中で、イエス・キリストの救いを受け入れる決断をする機会を彼らに豊富に提供するということです。

思春期は早ければ八歳（特に女の子の場合）から始まります。未来の教会のためにも、祈りつつ思春期を理解し、その年代の必要を満たす働きに注力したいですね。

感情と怒《いか》り
～「怒り＝悪い」もの？～

「早くしろ！」「今すぐ謝れ！」最近、人が「怒り」を爆発させている現場に居合わせることが以前よりも増えた気がします。危険運転や、土下座の強要といった、人の「怒り」に端を発する衝撃的な出来事がニュースで取り上げられることも多くなりました。さまざまな要因で社会全体が不安定になっているからかもしれません。

このような「怒り」の感情は、人の心の中にある「怒り」のスイッチが押されることによって生じると言うことができます。それは「喜び」「悲しみ」といった他の感情も同様です。猫が大好きな人は、テレビに猫の映像が映るだけで笑顔になります。その人の中に猫という「喜び」の感情のスイッチがあるからです。愛する人との死別体験がある人は、同じような境遇の人を見て「悲しみ」のスイッチが押され、同情の涙を流します。何によって感情のスイッチが押されるかには個人差があります。また「怒り」や「悲しみ」といった感情のスイッチは、その人の中にある恐怖心や不安感、喪失感等と密接に関係していると考えられています。

人間の感情は生まれた時から備わっています。赤ちゃんは、泣くのが仕事と言われるほどよく泣きます。お腹が空いた時や、オムツが濡れて気持ち悪い時に、泣いてそれを周囲にアピールし、自分の危機を知らせるのです。神様が赤ちゃんを守るために、そのように造ってくださっているのですね。

赤ちゃんの感情は、愉快と不快といった比較的単純な構造をしています。年齢を重ねるにつれ、それはだんだん複雑になりますが、基本的な働きは同様です。「大きな病気にかかってしまった！」「愛するペットが死にそうだ！」「私は蔑《ないがし》ろにされているかもしれない！」　このような危機的な場面で出てくる感情は、身に迫る危険や不安を自分自身に、そして周囲に知らせるのです。

多くのクリスチャンは「怒り」や「悲しみ」さらに「不安」といった感情に対して、それらを悪いものであると思い込み、隠したり、我慢したり、無視したりしようとします。しかし感情は、決して悪いものではありません。父なる神様も、またイエス・キリストも、聖書の中で感情を表しておられます。「悔やみ、心を痛められた」（創世記6章6節）、「燃える怒りを収めて」（申命記13章17節）、「悲しみのあまり死ぬほどです」（マタイの福音書26章38節）等の箇所でそれを見ることができます。

そして人間の感情は、神様が私たちに与えてくださった贈り物であると言えるでしょう。感情があるので、私たちは赤ちゃんと同様に、身に迫る脅威から自分を適切に守ったり、また他者の感情に気がついて、その人をケアできるようになったりするからです。確かに聖書には、「いつも喜んでいなさい」（テサロニケ人への手紙第一5章16節）と書かれています。しかしそれは、愛する人が死んでもニコニコしていなさいということではありません。悲しくてもつらくても絶望することなく、私たちを愛し、その痛みを知っておられる神様に目を向けなさいということです。

エペソ人への手紙には、以下のような言葉も書かれています。

「怒っても、罪を犯してはなりません。憤ったままで日が暮れるようであってはいけません。」

（4章26節）

興味深いのは、「怒ってはいけません」とは語られていない、ということです。なぜでしょうか。それは人間が自分自身をしっかりと守り、また正しい行動をとることができるよう、神様が人間に「怒り」の感情を備えてくださったからです。

ですから、自分の「怒り」の感情のスイッチが押されたとき、そのきっかけを作った相手に対して自分の感情を爆発させてしまう前に、まずは自分の感情を受け入れ、整理し、「怒り」という感情が現れた理由について考えてみることが大切です。たとえば、「自分には恐れがあるのだなあ。その恐れや不安が、怒りという感情として表されているなあ」というようにです。

そしてその上で、冷静に言葉を選びつつ建設的な対処法を考えるとき、守るべきものをしっかり守りつつ、人との関係性の破綻も防ぐことができます。「日が暮れるまで怒ったままでいてはいけません」とありますが、それは「怒り」の感情に流されて、人を傷つけ、罪を犯さないようにしなさいという戒めです。

パウロは、「喜んでいる者たちとともに喜び、泣いている者たちとともに泣きなさい」（ローマ人への手紙12章15節）と教えています。クリスチャン同士がそれぞれの感情に敏感になり、すぐに裁いたり戒めたりするのではなく、それを理解し、そこに寄り添うことを通して、互いにケアする共同体となること。それが、本来の教会の姿であると言えるでしょう。

人を赦《ゆる》すこと
～赦せない自分と向き合う～

「私たちの負い目をお赦しください。私たちも、私たちに負い目のある人たちを赦します。」

（マタイの福音書6章12節）

これはイエス・キリストが教えてくださった「主の祈り」の一部です。「我らに罪を犯すものを我らが赦すごとく、我らの罪をも赦したまえ」という文語訳で暗記しておられる方もきっと多いでしょう。日々の祈りとして、また礼拝における共同の祈りとして、ごく頻繁に口にされる祈りですね。

「満員電車の中で足を踏まれた。」「寝坊で約束の時間に十分遅れて来た。」こんな些細なことであれば、相手を赦すことは容易です。しかし、私たちの心が踏みにじられるように傷つけられるとき、その相手を赦すことは容易ではありません。人に相談して、「そんなことはもう忘れなさい」というアドバイスを受けたことがあるかもしれません。クリスチャンであれば、「主の祈り」で祈っているように、できれば、きっぱりと相手を赦したいと願うことでしょう。しかし、心の傷が深ければ深いほど、赦すことはさらには困難となります。

人間は心が傷つけられたとき、その出来事を記憶します。傷の深さと、その記憶が刻まれる深さは比例します。それは未来に同じような危機的状況が訪れた時に、記憶を用いてより効果的に自分の身を守ることができるようにと、神様によって備えられた自己防衛メカニズムのようなものだと言えます。また、その傷の記憶は、時の流れとともに薄らいでゆくように感じられることがあっても、たわいもないことがきっかけで、新しく刻まれた傷のようにその人を再び苦しめることがあります。口では「私たちに負い目のある人たちを赦します」と祈りながら、実は心の奥では赦せていないことのほうが多いのかもしれません。

さらに、人を赦せない自分に幻滅し、そんな自分を責め続けてしまうこともあるでしょう。私たちは自分の中の「相手を赦せない気持ち」と、どう向き合えばよいのでしょうか。

自分を傷つけた相手を赦す始めの一歩は、まず自分の心に刻まれた傷を認めることです。それは「なぜ自分は傷ついたのか」「どのように傷ついたのか」を明らかにするということです。心に傷を受ければ、当然そこには「悲しみ」「怒り」そして「不安」といった感情も発生しているでしょう。自分に傷をつけた相手が、自分に近しい人である場合、傷と向き合うこと自体にも大きな痛みが伴います。今向き合ったら自分が壊れてしまうと感じる場合は別ですが、可能であれば、心の中のさまざまな感情も併せて、そこに傷があることを認めましょう。

次のステップは、信頼し、安心できる他者を慎重に選び、その安全な関係性の中に自分の身を置くことです。人選びを間違えると、その相手によってさらに心に傷を負ってしまうこともあるので気をつけなければなりません。安心できる他者とは、心に傷のある、そして相手を赦せない私を、諭《さと》さず、裁かず、ありのまま受け止めてくれる人のことです。自分の心の思いを打ち明けるとき、その苦しみに寄り添い、「大変だったね」「つらいね」と心からの声をかけてくれるような人です。そのような安全な関係性の中で心がけるべきことは、相手の助けを借りながら、自分の心の痛みを、そこに付随《ふずい》する「悲しみ」や「怒り」といった感情とともに十分に味わうことです。そして安心できる他者に受け入れられ、優しい言葉をかけられ、少しだけ癒やされた傷を、もう一度自分の心の中に収めます。このようなプロセスを繰り返すことで、少しずつ傷が癒やされていきます。

赦すというプロセスの中では、必ずしも自分を傷つけた相手と直接に向き合う必要はありません。遠い過去に刻まれた傷で苦しんでいる場合、傷をつけた相手はすでにこの世にいない場合もあります。最終的に自分の心の傷を修復するのは、自分を傷つけた相手ではなく、また安心して相談した他者でもなく、自分自身なのです。言い換えれば、赦すとは、自分を傷つけた相手を変える作業ではなく、相手を赦せない心を持つ自分を変える作業なのです。

白い紙にペンで書かれた文字の上を白い修正液でなぞれば、目には見えなくなりますが、修正液の下にはまだ文字がしっかり残っています。同じように人間も、心に受けた深い傷を、完全に消し去ることはできません。神様のように完璧に人を赦すことはできないのです。

しかし、神様はそのような性質を持つ人間に対し、あえて人を赦すことを求められます。なぜなら、つらく時間のかかるプロセスの向こうには、神様に喜ばれる、より成長した人間の姿があるからです。人を赦せない思いを味わうことは、より深い神様の憐れみと恵みの気づきにつながります。少しずつでも人を赦せるようになった自分の姿を見ることは、不可能を可能とする神様の力への信頼につながるのです。

心の落ち込み
～信仰があれば落ち込まない？～

日本において、精神疾患があると診断され、病院に通院や入院をしている人の数は年々増えています。近年、その総数は四百万人をゆうに超え、三十人に一人以上という割合になっています。また精神疾患を持っていながら未受診の人の数は、受診者の二倍から三倍とも言われています。

特に増加傾向が著しいのが、うつ病などの不安障害です。うつ病は脳内化学物質の不均衡が原因であると考えられていますが、症状は多様で個人差があります。眠れず、食欲がなく、一日中気分が落ち込み、何をしても楽しめないといった状態が長く続く場合、うつ病が疑われます。「クリスチャンには関係のない病気」と思いたいのは山々ですが、残念ながら決してそうではありません。

先ほどの割合から考えれば、三十人の集う教会であれば、少なくとも一人以上はうつ病を含む何らかの精神疾患と診断され、苦しんでいる可能性があります。

うつ病という診断がつかなくとも、「心が落ち込んでしまう」「何となくうつっぽい」と感じることは誰にでもあります。たとえば「仕事で大失敗をした」「愛するペットが死んだ」といった明らかな原因がある場合、しばらくの期間、心が落ち込むのは当然と言えます。

それは私たちの心が、「大切なものを失ったね。あなたには自分をケアする必要があるよ」ということを教えてくれているのです。また心が落ち込むと、その様子が他者からもわかるようになります。そして「元気なさそうだけど大丈夫」といった声がかけられます。心の落ち込みは、他者に対して「助けて」という言葉にならないメッセージを送るという役目も担っており、それは神様によって人間に供えられた危険信号装置のようなものであると言えるでしょう。

うつ病の代表的な症状のひとつに「過度な自責の念」が挙げられます。多くの人は心が落ち込み続けると、自分自身を責め始めます。「私は本当にダメな人間だなあ」といった考えと同時に、そんなダメな自分が恥ずかしいという思いも起こり、たったひとりで悩み、孤立していきます。クリスチャンの場合も同じです。いつも喜んでいるべきなのに落ち込んでしまっている自分は本当に罪深い、という考え方になってしまい、そのような姿で神様に祈ることすらためらってしまいます。さらに、その罪深い姿は教会の皆さんに見せられないと感じ、孤立し、より苦しくなってしまうのです。もちろんクリスチャンが自分自身の罪深さを覚えること自体は大切なことですが、つらい時、弱っている時に、追い討ちをかけるように自分で自分を責め立てることを神様は願っておられません。

では、心が落ち込んだとき、私たちはどうすればいいでしょう？　クリスチャンであれば、憐れみと恵みに富んでおられる神様に祈ることができます。「心が落ち込んでしまった罪深い私をお赦しください」という祈りではなく、「つらいです。助けてください」と素直に、気持ちを吐露することです。

あの勇敢なダビデも、「私に御顔を向け　私をあわれんでください。／私はひとり　苦しんでいます」（詩篇25篇16節）と祈りました。また「いつも喜んでいなさい」（テサロニケ人への手紙第一5章16節）と書いたパウロ自身も、「あなたがたのところに行ったときの私は、弱く、恐れおののいていました」（コリント人への手紙第一2章3節）と書いています。

神様は間接的に、人を通してケアを与えてくださるお方でもあります。パウロには何かしらの持病（コリント人への手紙第二12章7節参照）があったであろうと考えられていますが、そんなパウロに対し、神様は医者であるルカを送ってくださいました。当時の医学知識は非常に限られていたと思いますが、パウロにとっては大きな助けであったでしょう。

同じように、心の落ち込みが長く続き、うつ病が疑われるような場合、神様は医学を通して私たちをケアしてくださることがあります。もちろん専門の医者に診てもらえばすぐに治るということではありませんが、神様からの癒やしの手段として、その門を叩いてみるべきでしょう。

教会もまた癒やしをもたらす共同体です。「諭し」や「励まし」の言葉ではなく、心が落ち込んでいる人の心の声に耳を傾け、そこにある痛みに「共感」しつつ「寄り添う」ことのできる人たちの存在を通してケアがなされます。

ただ注意したいのは、たとえばうつで苦しんでいる人がいる場合、牧師も含め、教会の誰か一人がそのケアを一身に背負い込んでしまわないようにするということです。共同体として複数の人がチームとなり、専門家とコンタクトをとりながらケアに関与すべきです。また苦しんでいるご本人のため、さらにはご家族のためにも、陰からとりなしの祈りをささげることを忘れないようにしたいですね。

不安
～上手に付き合うために～

「不安」という言葉を辞書で調べると、「心配なこと」「気がかりで落ち着かないこと」などと出てきます。不安は、先がなかなか見通せない時や、自らのコントロールの効かない出来事などに対して多くの人が抱く感情です。不安感が増すと、「動悸《どうき》」「めまい」「発汗」「不眠」といった身体の症状を伴うこともあります。また強い不安の状態が長く続くと、日常生活に支障をきたす「不安障害」という精神疾患を発症させる場合もあります。

「心の不安は人を落ち込ませ、親切なことばは人を喜ばせる。」

不　安

これは箴言12章25節に書かれた言葉ですが、旧約聖書の時代から不安は人々を苦しめていたことがわかります。今の世中も、私たちを不安にさせる事柄で満ちあふれていますね。

なぜ人間は不安を感じるのでしょうか。実は不安には人間を助け、守るという側面があります。たとえば「息子」と名乗る人物からの電話で、まとまったお金を振り込むようにと伝えられたとき、「電話の相手は本当に息子なのかなあ」「もしかして騙《だま》されているのではないかなあ」といった不安に駆られることがあります。そのような不安を解消するために慎重に行動すれば、オレオレ詐欺などを未然に防ぐことができます。

出勤のため家を出たとき、「台所の元栓を閉めたかなあ」と不安になり、引き返して確認すれば、火事を防ぐことができます。不安は、「何か怪しいぞ」「危険かもしれないぞ」という信号を発するアラームのような役目を担っています。人間は不安を感じ、それにふさわしく対処することで、より安全に生きていくことができます。不安とは人間を守るために神様が与えてくださった大切な感情であると言うこともできますね。

では、すべての不安の感情はつねに人間を助けているかといえば、残念ながらそうではありません。確かにこの世には多くの危険が存在しますが、実際の危険を幾重にも上回る過度な不安感に苛《さいな》まれ、それによって日常生活が苦しくなってしまう場合があります。多くの人は、地震や火事、また病気やリストラといった、確かに存在し、自らの行動である程度対処することのできる危険に対してのみ不安感を抱くだけではなく、人からのありもしない批判に対して不安になったり、自分が勝手に作り上げた高すぎる理想像と自分を比べて不安を抱き、不必要に自分自身を苦しめてしまいます。

また、過去に受けた心の傷によって、対人関係に関する不安がつねに付きまとうといった場合もあります。さらに不安の感情から解放されるために、大量の飲酒やギャンブルといった「不健全な依存」という方向に走ってしまう人も多く存在します。では、人間を苦しめ、助けにならない不安の感情から、私たちはどのようにして解放されるでしょうか。

ダビデはイスラエルの王として神様に任命され、愛された人物でしたが、その人生はさまざまな危険や苦難に満ちあふれていました。詩篇3篇の冒頭には、以下のようなダビデの言葉が記されています。

不　安

「主よ　なんと私の敵が多くなり
私に向かい立つ者が多くいることでしょう。
多くの者が私のたましいのことを言っています。
『彼には神の救いがない』と。」　（1〜2節）

さらに、6篇にはこのようにあります。

「主よ　私をあわれんでください。
私は衰えています。
主よ　私を癒やしてください。
私の骨は恐れおののいています。」　（2節）

命の危険に直面していたダビデは、不安でいっぱいでした。ダビデはここで自分の心を探り、その不安を言葉にして言い表しています。まずはダビデのように、「どうして不安になっているのか」「何が怖いのか」「自分の心は今どのような状態なのか」を整理して考え、祈りの中で神様に告白することが大切です。そしてその上で、安心できる他者に不安を打ち明けましょう。安心できる他者とは、不安でいっぱいの人を、諭さず、裁かず、ありのまま受け止めてくれる存在のことです。ダビデは不安のどん底で、信頼できる神様の前に自分の心の中をすべて正直にさらけ出しました。私たちも同じことができます。

神様は私たちに信仰の友、信仰の助け人を「安心できる他者」として私たちに与えてくださいます。ダビデにとってのヨナタン（サムエル記第一18章1節）や、パウロにとってのテモテ（ピリピ人への手紙2章19〜20節）といった存在でしょう。大切なのは、すぐに裁かれたり諭されたり他言されたりしない、自分の不安をまずはしっかりと受け止めてもらえる安全な関係性の中で、「安心感」を十分に味わうことです。安心の経験が増せば増すほど、人間を苦しめるだけの、不健全で不必要な不安から、私たちは少しずつ解放されていきます。またもし不安に苦しめられている人の助け手になりたいと願うなら、私たちが安心できる他者となることが大切です。

忍　耐

～「我慢」とはどう違う？～

パウロは神様を「忍耐と励ましの神」（ローマ人への手紙15章5節）と呼んでいます。「忍耐」は、聖書全体を通して表されている、神様の素晴らしいご性質のひとつです。

預言者ヨナは、罪深い町ニネベへの裁きを求めましたが、神様は、「右も左も分からない十二万人以上の人間と、数多くの家畜」の存在を憐れみ、ニネベに対する怒りを収められました（ヨナ書4章11節）。イエス・キリストご自身も、人を赦すことに関して、「七回を七十倍するまで」と言われました。パウロもまた、「神は忍耐をもって、これまで犯されてきた罪を見逃してこられたのです」（ローマ人への手紙3章25節）と証言しています。

そのような忍耐の神様は、私たちに対しても忍耐強くあるようにと命じておられます。新約聖書だけを調べても、忍耐という言葉は四十回以上登場します。

「あなたがたは、忍耐することによって自分のいのちを勝ち取りなさい。」

(ルカの福音書21章19節)

「あなたがたが神のみこころを行って、約束のものを手に入れるために必要なのは、忍耐です。」

(ヘブル人への手紙10章36節)

これらの聖書箇所は、忍耐の大切さを力強く語っていますね。

では、具体的にどのような場面において、私たちは忍耐するべきなのでしょうか。聖書には、人間関係において忍耐すること(コロサイ人への手紙3章13節)、宣教において忍耐すること(テモテへの手紙第二4章2節)、祈りにおいて忍耐すること(エペソ人への手紙6章18節)、迫害や苦難に対して忍耐すること(テサロニケ人への手紙第二1章4節)などが記されています。

もちろん人間が、神様のような完全な忍耐を持つことは不可能ですから、神様によって忍耐が与えられるように祈ることをパウロは勧めています(ローマ人への手紙15章5節)。

さて、「忍耐」という言葉を辞書で調べると、「じっと耐え忍ぶこと」「我慢すること」などと紹介されています。しかし、一般的な日本語における忍耐のイメージと、聖書の語る忍耐とは少々異なるかもしれません。パウロは以下のように語っています。

「それだけではなく、苦難さえも喜んでいます。それは、苦難が忍耐を生み出し、忍耐が練られた品性を生み出し、練られた品性が希望を生み出すと、私たちは知っているからです。この希望は失望に終わることがありません。なぜなら、私たちに与えられた聖霊によって、神の愛が私たちの心に注がれているからです。」
(ローマ人の手紙5章3～5節)

聖書の語る忍耐とは、「ただただ耐えること」「ただただ我慢すること」ではなく、そこには確固たる目的があり、また希望があることがわかります。言い方を変えると、聖書的な「忍耐」と必ずしもそうではない「忍耐」がある、ということになると思います。

聖書的な忍耐には、目的があります。忍耐をすることの先には、人間として成長することや、神様から与えられる希望があるということです。聖書的な忍耐とは、目的意識を持って自ら選んでする忍耐であり、その先にある希望に向かって進んで行くことなのです。

一方、聖書的ではない忍耐とは、目的意識を持てず、希望も見いだせない忍耐のことです。イメージ的には「我慢」という言葉に近いかもしれません。それは、目標を見いだすことのできない、人や社会から強いられてする忍耐（我慢）です。「決まっていることだからしょうがない」「人目があるから仕方がない」「人の気分を害するかもしれないからやめておこう」「あの人を傷つけたくないから黙っておこう」といったあきらめにも似た思いから発生します。

また、そのような忍耐（我慢）がもたらすのは、人や社会に対する苦々しい思いや、自分に対する無力感です。聖書は私たちに「互いに忍耐し合い」「互いに赦し合いなさい」（コロサイ人への手紙3章13節）と教えていますが、それは対人関係において「なんでもかんでも我慢して人の言いなりになること」ではありません。時には相手に配慮しつつも、自分が大切にしているものをしっかり守るために、はっきりと必要なことを主張することも大切です。

神様は私たちが、我慢の限界を超えて追い詰められ、周囲に感情を爆発させてしまうことや、逆に心を閉ざして、心を病んでしまうことを決して望んでおられません。パウロは、「それぞれ、自分のことだけでなく、ほかの人のことも顧みなさい」（ピリピ人の手紙2章4節）と語りました。それは、「どんな場合にも他者のために自分を犠牲にしなさい」という教えではなく、「まずは自分自身をケアしなさい。その上で他者のことをケアしなさい」という教えとして捉えることもできるでしょう。

神様の求めておられる忍耐は、私たちを絶望に追いやる忍耐ではなく、私たちを成長させ、希望を与えるための忍耐なのです。

友人関係
～選んで育てる関係性～

聖書に記された最も麗しい友人関係は、ダビデとヨナタンの関係性かもしれません。旧約聖書には以下のような記述があります。

「ヨナタンの心はダビデの心に結びついた。ヨナタンは、自分自身のようにダビデを愛した。」
（サムエル記第一18章1節）

ダビデもヨナタンの死後、悲しみながらこのように歌っています。

「私の兄弟ヨナタンよ。あなたは私を大いに喜び楽しませ、あなたの愛は、私にとって女の愛にもまさって、すばらしかった。」
（サムエル記第二1章26節）

神様によって友として結び合わされたこのふたりの間には、特別な友人関係があったのですね。

現代に生きる私たちの友人関係はどうでしょうか。「友人」を辞書で引くと「いつも親しく交わっている相手」などとあります。しかし、そこに厳密な定義はありません。基本的に友人関係は相互の関係性ですが、残念ながらこちらは相手を友人と思っていても、相手がこちらについてそう思っていない場合もあります。

また「友人」や「親友」という言葉があるように、より親密な関係と、そこまではない関係もあります。さらに友人関係には、時代や文化から影響を受けつつ変化するという側面もあり、人によってもその意味や印象が異なります。とはいえ友人関係は多くの場合、私たちの人生に必要不可欠な喜びや励まし、そして慰めを提供してくれる、なくてはならない関係性です。

友人関係をより深く理解しようとする上で、良い対比となるのが親子関係です。親子関係は（養子縁組を除いて）血縁関係ですから、選択の余地はありません。扶養義務という法的制約もそこに加わります。親子は寝食を共にし、たくさんの時間を共有することで関係性を深めていきます。

一方、友人関係にそのような強制性はありません。基本的に友人関係とは選ぶものであり、誰を選ぶかは個々人に委ねられています。また出会った瞬間から無二の親友ということはありえませんから、意図的に時間を作って、その関係性を育て、深めていく必要があります。この「選ぶ」、そして「育てる」というふたつのことが友人関係の大切な要素であると言えるでしょう。

では、どのような人を友人として選ぶべきでしょうか。

聖書には「愚かな者の友となる者は害を受ける」（箴言13章20節）と書かれていますので、ぜひ慎重に選びたいものです。またすでに友人がいる場合、そこに良い友人関係があるかどうかを吟味する必要もあります。ダビデとヨナタンの関係性を模範として考えるなら、それは大きな苦難の中でも愛し合い、助け合い、励まし合い、信頼し合うことのできる相手ということになるでしょう。

人生には楽しみもありますが、つらさや苦しみも多くあります。そのような時に必要なのは、すぐさま諭し、教え、鞭を打つ人ではなく、状況を敏感に察知し、共感し、寄り添ってくれる人です。自分の考え方や判断基準などについて友人から厳しく意見してもらうことも時には必要ですが、苦しみや悲しみの中で、そこに付随する不安や怒りといった感情の部分も併せて汲み取ってくれる人によって、私たちは癒やされます。

では、どうしたら良い友人関係を育てていくことができるでしょうか。

そのためにはまず、相手にとって自分自身が良い友人になっていくということが先決です。それは相手の「気持ち」に寄り添うという態度をもつことであり、相手から「本当に私は受け入れられているなあ」と実感してもらうということです。

冒頭でダビデとヨナタンという無二の親友を紹介しましたが、このふたりの関係性をしのぐ、さらに素晴らしい友人関係が聖書に記されています。それはイエス・キリストが、クリスチャンとの間に結んでくださる関係性です。キリストは私たちを「友」(ヨハネの福音書15章15節)と呼んでくださいますが、キリストは私たちにとってどのようなお方でしょうか。

ヨハネの福音書11章32節で、兄弟ラザロを失ったマリアはイエス・キリストに対し、その到着の遅さへの不満を泣きながら口にしました。それほど彼女は苦しんでいたのです。イエス・キリストはその直後に墓に行き、ラザロを復活させるという奇跡を起こされますが、悲しむマリアに対し、「信仰の足りない者」と言って戒めたでしょうか。いいえ、聖書には次のように記されています。

「イエスは涙を流された。」（11章35節）

イエス・キリストは、涙を流すマリアの前で同じように涙を流されましたが、マリアの苦しみを頭で理解しているだけではなく、マリアと同じように感じていることを表してくださったのです。

ここに、友の悲しみを理解し、その苦しみ、そして怒りにもまず寄り添うという、私たちの模範となる友なるイエス・キリストの姿が表されています。さらにそれだけではなく、キリストは友である私たちのために、その命までささげてくださいました。キリストのような友を持つ私たちは本当に幸せですね。私たちはキリストのような友人にはなれませんが、キリストを目標とする歩みを続けたいですね。

高齢期と信仰
～「老い」は終わり？～

「高齢者」になるということは、神様が人間に与えてくださる祝福のひとつの形です。教会の中には、子どもたちの成長を祝う「幼児祝福礼拝」や成人を祝う「成人祝福礼拝」と同じように、「高齢者」を祝福する礼拝を実施しているところがあります。もちろん、何歳から「高齢者」なのかについて明らかな基準があるわけではありませんが、たとえば「後期高齢者」と呼ばれる七十五歳以上をひとつの目安にして、教会全体で共に喜び、神様に感謝する時を持つことは素晴らしいと思います。

もちろん高齢になることには、困難さが伴います。基本的な身体能力や認知機能などの低下に加え、つらい持病を患ってしまう人も多くいます。また高齢になると、配偶者や友人の死という悲しい体験も多くなります。もし高齢になるにしたがって多くの能力や機能、また人を失っていくのであれば、それのいったいどこが祝福なのでしょうか。
イスラエルの出エジプトを導いたモーセという偉大なリーダーの後継者となったヨシュアは、約束の地で大活躍をします。しかし、彼もモーセと同様、高齢者になりました。ヨシュア記13章1節の前半には、以下のような記述があります。

「ヨシュアは年を重ねて老人になっていた。」

ヨシュアは、自他共に認める高齢者であったことがわかります。
しかし、同じ1節の後半で、神様はヨシュアにこう言われました。

「あなたは年を重ね、老人になった。しかし、占領すべき地は非常にたくさん残っている。」

そしてその言葉の後には、占領すべき土地の名前が延々と記されています。ヨシュア記は24章まで続きますので、実はまだこの時点は、ヨシュアの人生の折り返し地点にしか過ぎなかったのです。

たしかにヨシュアは高齢者となり、身体的には若かったころのような活躍をすることはできなくなってしまったかもしれません。またきっと、気心の知れた友人や有能な部下も失っていたでしょう。しかし、そんなヨシュアに対して神様は、特別な使命を持っておられました。高齢者であるヨシュアに与えられた祝福はそこにあったのです。それは神様が使命を与えてくださることと、その使命のために生きることができるという祝福です。

たとえ高齢者になっても、神様はクリスチャンに対して使命を与えてくださいます。神様に必要とされるのです。神様のお手伝いをすることができるのです。なんと素晴らしい祝福でしょうか。

もちろん、「わたしのくびきは負いやすく、わたしの荷は軽い」（マタイの福音書11章30節）とイエス・キリストが言われたように、神様は私たちのことをよくご存じなので、必ず私たちにできる範囲での使命を与えてくださいます。それは毎日、教会の人たちのために祈ることかもしれません。教会に初めて来られた人を、心からの大きな笑顔でお迎えすることかもしれません。また、教会の子どもたちにわかりやすく聖書のお話をすることかもしれません。高齢期になってなお、神様から与えられた自分の使命に確信をもっておられる方は、実に生き生きとしています。そしてそこにこそ、神様の祝福があります。

またクリスチャンが高齢になるとは、老いてなお成長し続けるということでもあります。ペテロの手紙第二には、クリスチャンに宛てた言葉が以下のように書かれています。

「私たちの主であり、救い主であるイエス・キリストの恵みと知識において成長しなさい。」（3章18節）

「恵みにおいて」とは、魂の救いが一方的な神様の恵みであることを自覚しつつ、神様と人の前に謙遜な心を養うということです。「知識において」とは、神様の下さった聖書のみことばを慕い求め、より深く神様を知るということです。最後に「成長しなさい」とありますが、ギリシア語では「成長し続けなさい」という意味を持っています。クリスチャンは、たとえば七十歳になったら、また八十歳になったから、もう成長しなくてよいという存在では決してありません。天国に行く日の前の晩まで、神様は私たちが「あらゆる点において、かしらであるキリストに向かって成長する」（エペソ人への手紙4章15節）ことを求めておられるのです。

「成長し続ける」存在であるということは、つねに「まだまだこれから」「もっともっと」という思いを持ち続けることでもあります。このようにクリスチャンとしての自分の成長を願い続ける人は、やはり生き生きとした、祝福された人生を送っている方です。

「老害」「ボケ老人」そんな醜い言葉が、私たちの住む社会にはあふれています。もしご自分を「教会のお荷物」「役立たず」などと思っておられる方が教会にいるとしたら、それは何と寂しいことでしょうか。何よりもまず神様が悲しまれます。たとえ失うものが多くあっても、たとえ大きな不自由さを抱えていても、高齢者として輝くことができるのは、クリスチャンの特権であり祝福なのです！

天国への備え
～死は恐れるものなのか～

エジプトの地からイスラエルの民を導き出したモーセは高齢となり、地上での使命を終え、神様によって天に召されますが、そのとき、「彼の目はかすまず、気力も衰えていなかった」（申命記34章7節）と聖書に記されています。

一方、モーセの後継者ヨシュアも、月日の流れとともに高齢になりますが、神様に、「あなたは年を重ね、老人になった。しかし、占領すべき地は非常にたくさん残っている」（ヨシュア記13章1節）と告げられ、その後も長く地上において与えられた使命を果たし続けました。

生と死を司《つかさど》っておられるのは神様であり、クリスチャンであっても、自身の最期がいつどのような形で訪れるかをはっきりと知ることはできません。しかし、クリスチャンは自らの死に絶望することもありません。イエス・キリストは十字架の死からの復活によって「死を滅ぼし、福音によっていのちと不滅を明らかに示され」（テモテへの手紙第二1章10節）、そして、「あなたがたのために場所を用意しに行く」（ヨハネの福音書14章2節）と言って天に昇られたからです。

神様から与えられた使命を全うできるよう、日々歩むことは大切です。しかし、だからといってクリスチャンは、地上での生活だけに目を向けて生きるべきではありません。年齢や健康状態にかかわらず、「自分はいつどのような形で地上での命を終えるのかわからない存在である」ということを、つねに自分に言い聞かせつつ天国への備えをすべきでしょう。では、具体的にその準備を「確認」「解決」「準備」の三つに分けて考えてみましょう。

「確認」しておくべき最も大切なことは、自らの「救い」です。聖書は私たちに、自分の罪を悔い改め、イエス・キリストを「主」と信じ、告白することを通して救われると教えています（ローマ人への手紙10章9節、ヨハネの手紙第一1章9節）。いつ最期の時が訪れてもいいよう、そしてその時に慌てないよう、常日頃から自分の「救い」を心の中で確認しましょう。もし自分の中に揺るぎない「確信」がないようであれば、それが与えられるように神様に祈り、また信仰の友や、牧師に相談する機会を持ちましょう。

「解決」しておくべきことは多くありますが、大切なことのひとつに人間関係があります。マタイの福音書5章23〜24節には次のようにあります。

「祭壇の上にささげ物を献げようとしているときに、兄弟が自分を恨んでいることを思い出したなら、ささげ物はそこに、祭壇の前に置き、行って、まずあなたの兄弟と仲直りをしなさい。それから戻って、そのささげ物を献げなさい。」

それは地上での命を終える前に、和解しておくべき人はいないか、赦しを乞《こ》うべき人はいないか、また逆に心から赦すべき人はいないかと自らの心を探るということです。実際に相手と会うべき場合も、また自分の心の中だけで解決すべき場合もあるでしょう。もちろん、刻まれた心の傷が深ければ深いほど、そこには困難が伴います。しかし解決に向けて前に進もうとするときに、神様はそれを喜び、また助けてくださいます。

「準備」しておくべきことも多くあります。まずは「証し」です。内容は、自らの救いの経緯に加え、神様から自分に与えられた使命や目標は何か、地上にいる間どのように生きていきたいかについても、導かれた聖書の言葉とともに書いておくとよいでしょう。時々それを書き直し、そこに書き加えることも有益です。自分の思いを言葉にしておくことで、特に地上での命の限界が具体的に見えてきたときに良い指針となります。またこの「証し」は、第三者にその所在を知らせておきましょう。

身辺の整理も大切な準備です。地上にある物は、天国に持っていくことはできません。家族も含め、他者が喜んで引き取ってくれる物は、自分が思う以上に限られています。趣味の収集物等は特にそうです。中には他者にあまり見られたくない物を大切にしまっている場合もあるでしょう。早めの身辺整理は、後々のストレスを軽減します。本当に価値のあるものは、最も相応しい行き場を早目に決めておき、身軽になって天国に備えたいですね。

葬儀の準備も大切です。あらかじめいろいろ手を打っておくことで、残る人の負担を軽減することができます。ただ、葬儀は自分のためではなく、残される人たちのためであるということを忘れないようにしましょう。自分の願望だけにこだわらず、周囲の人々の意見をよく聞きながら準備することをお勧めします。

年齢や健康状態にかかわらず、クリスチャンにはつねに「私たちの国籍は天にあります」（ピリピ人への手紙3章20節）という告白にふさわしい生き方が求められています。それは天国へ行く備えをしつつ、再臨という「キリストの、栄光ある現れを待ち望む」（テトスへの手紙2章13節）ことでもあります。

みこころを知る
～四つの方法～

　進学や就職また結婚は多くの若者にとって、とても大きな決断を伴う一大イベントです。もちろん年を重ねても、人生にはさまざまな難しい選択がつきものです。クリスチャンであれば、自分の希望や家族のアドバイスにも増して、神様の「みこころ」が知りたいと願うでしょう。

　神様の「みこころ」を求める姿は、聖書のあちこちに見られます。勇者ギデオンは、「もし私がみこころにかなうのでしたら」（士師記6章17節）と神様に祈り、ダビデは「わが神よ　私は／あなたのみこころを行うことを喜びとします」（詩篇40篇8節）と詠《うた》いました。そしてイエス・キリストご自身も「だれでも天におられるわたしの父のみこころを行うなら、その人こそわたしの兄弟、姉妹、母なのです」（マタイの福音書12章50節）と語っておられます。

聖書の中には、どのような状況の中でも当てはまる神様の「みこころ」が記されている箇所が多くあります。誠実であること（詩篇31篇23節）、敵を愛すること（ルカの福音書6章27節）、善を行うこと（ローマ人への手紙2章10節）などが例として挙げられます。しかし難しいのは、自分の心が定まらない時や、周囲の意見が異なる時、また聖書を読んでもピンとこない時かもしれません。そんな状況の中で、どのようにしてクリスチャンは神様の「みこころ」を知ることができるでしょうか。では、以下に聖書が語る四つの方法を紹介します。

まず聖書を開きましょう。たとえ一、二回読んでピンとこなくても、聖書と向き合い続けることが大切です。詩篇119篇105節には以下のような言葉があります。

「あなたのみことばは　私の足のともしび
私の道の光です。」

パウロもテモテへの手紙第二3章16節で同様に語っています。当然、聖書のどの箇所を読むのかという課題がそこにあります。「エイ!」とむやみに聖書のどこかを開くのではなく、最近聞いた礼拝メッセージを思い出したり、また気になる聖書の言葉を、聖書辞典で調べたり、聖書ソフトを用いてキーワード検索して開いてみたりするのもよいかもしれません。しかし「苦しい時の神頼み」的に聖書を開くのではなく、聖書通読等を通して、日々みことばに接していることが重要ですね。

次に自分の心を探りましょう。自分の「思い」の中に忍び込むこの世の価値観を見極め、そこから自分を遠ざけましょう。パウロは、「この世と調子を合わせてはいけません。むしろ、心を新たにすることで、自分を変えていただきなさい。そうすれば、神のみこころは何か、すなわち、何が良いことで、神に喜ばれ、完全であるのかを見分けるようになります」(ローマ人への手紙12章2節)と語っています。

この世とは、聖書の価値観が及んでいない社会のことです。たとえば私たちの周りには、「勝ち組」や「成功者」といった言葉があふれていますが、ほとんどの場合、それらはこの世における地位や名声、そして経済的な成功と結びついています。日本は「人様の目」をとても気にする社会であると言われています。「人様に迷惑をかけない」という観点から、それを気にすることは必ずしも悪いことではありませんが「人様の目」は「この世的な目」であることがほとんどです。

祈りの中で神様のみこころを求めましょう。「あなたがたのうちに、知恵に欠けている人がいるなら、その人は、だれにでも惜しみなく、とがめることなく与えてくださる神に求めなさい。そうすれば与えられます」（ヤコブの手紙1章5節）と聖書に記されています。これは試練を乗り越えるための知恵に関するみことばですが、悩みや迷い、また自分の切なる願いを正直に打ち明けるとき、神様はそれを受け止めてくださいます（ピリピ人への手紙4章6節）。

尊敬し信頼する周囲のクリスチャンに相談しましょう。「よく相談しなければ、計画は倒れる。多くの助言者によって、それは成功する」（箴言15章22節）と聖書は教えています。もちろん必ず的確なアドバイスをもらえるとは限りませんが、自分が見えていなかった課題に気づいてくれたり、励ましてくれたり、そしてなにより「とりなしの祈り」を捧げてくれるでしょう。

ここまで「みこころ」を知るためのいくつかの方法を見てきましたが、その前に確信すべきことがあります。それは、私たちは神様に愛されており、「すべてのことがともに働いて益となる」(ローマ人への手紙8章28節)と約束されているということです。たとえ後々になって、自分の選択は間違っていたのかなあと迷うことがあっても、その中にも神様が働いてくださり、すべてを益としてくださっているのです。大切なのは、神様の愛と約束に信頼しつつ、希望をもって一歩前に踏み出すことかもしれません。

あとがき

本書は、クリスチャンの日常において、あたり前のように受け入れられている習慣や、普段あまり深く考えたことのない事象に目を向け、それらを今日的視点をもって考察した「神学書」です。

「聖書」は確かで、信頼できる神様のことばであり、そこには時代や文化を超えた普遍的なメッセージが記されています。しかし「神学」は、神様のことばを受けて行う人間による営みです。

すべての人間は、生まれ育った環境や社会から大きな影響を受けます。「神学」をするクリスチャンも同様です。その人の生まれ育った時代や受けた教育、さらには所属してきた教会や教団（教派や宗派）からの影響を全く受けていない「神学」や「神学書」は存在しません。当然、本書にも同じことが言えます。

本書を読み、その内容に「そうだ、そうだ！」と思う方もいらっしゃるでしょうし、「本当にそうかなあ?」と疑問を感じる方もいらっしゃるでしょう。本書は、正解を提供するというよりも、読んでくださる方に、「自分でも神学をしてみよう!」と思っていただくという目標をもって書かれています。

ですから、たとえどのような感想をもたれたとしても、ご自身で聖書を開いて確かめ、またそれについて周囲の方々と対話されることを、心からお薦めします。

最後に、本書の執筆を励まし、サポートしてくださったいのちのことば社の米本さんへ、そして本書の心理的な事柄を扱った部分に関してインスピレーションを与えてくださった国立研究開発法人国立精神・神経医療研究センター・認知行動療法センターの堀越勝先生に心から感謝の意を表したいと思います。ありがとうございました。

主にありて　岡村直樹

著者　**岡村直樹**（おかむら・なおき）

神奈川県横須賀市出身。高校卒業後米国に留学し、コロンビア国際大学、トリニティー神学校を経て、クレアモント神学大学院で博士号（Ph.D. 実践神学）を取得。その後、カリフォルニア州の日系人キリスト教会で牧師として働くかたわら、アズーサパシフィック大学で教鞭を執り、2006年に帰国。現在は、東京基督教大学大学院教授で教務部長。担当科目は、「キリスト教と心理」「キリスト教と教育」「人間理解とミニストリー」「ユースミニストリーの神学と実践」等。日本同盟基督教団牧師（派遣教師）、hi-b-a責任役員、日本福音主義神学会東部部会理事、日本実践神学会運営委員、日本キリスト教教育学会監査も務める。
千葉県在住。趣味は旅行。特技は猫との会話。

日常の神学
今さら聞けない　あのこと、このこと

2023年1月20日　発行
2024年6月10日　3刷

著　者　岡村直樹
印刷製本　シナノ印刷株式会社
発　行　いのちのことば社
〒164-0001 東京都中野区中野2-1-5
電話 03-5341-6924（編集）
03-5341-6920（営業）
FAX03-5341-6921
e-mail:support@wlpm.or.jp
http://www.wlpm.or.jp/

ISBN 978-4-264-04408-6